教养和成长
都在细节中

创造教育奇迹的88个细节

楚丽萍 著

天津出版传媒集团

天津科学技术出版社

图书在版编目（CIP）数据

教养和成长都在细节中：创造教育奇迹的 88 个细节 / 楚丽萍著 . -- 天津：天津科学技术出版社，2022.2（2022.7 重印）

ISBN 978-7-5576-9863-8

Ⅰ.①教… Ⅱ.①楚… Ⅲ.①青少年教育 – 家庭教育 Ⅳ.① G782

中国版本图书馆 CIP 数据核字（2022）第 022647 号

教养和成长都在细节中：创造教育奇迹的 88 个细节
JIAOYANG HE CHENGZHANG DOU ZAI XIJIE ZHONG:CHUANGZAO JIAOYU QIJI DE 88 GE XIJIE

策 划 人：	杨 譞
责任编辑：	杨 譞
责任印制：	兰 毅
出　　版：	天津出版传媒集团 天津科学技术出版社
地　　址：	天津市西康路 35 号
邮　　编：	300051
电　　话：	（022）23332490
网　　址：	www.tjkjcbs.com.cn
发　　行：	新华书店经销
印　　刷：	河北松源印刷有限公司

开本 880×1 230　1/32　印张 8　字数 170 000
2022 年 7 月第 1 版第 2 次印刷
定价：38.00 元

前言
PREFACE

一个优秀的孩子离不开父母的教育和影响。一个成功的人背后，肯定有一个了不起的家庭。因此，父母在孩子的成长过程中具有重要的作用。

俄国著名教育学家马卡连科说："教育必须从细节开始。"父母是孩子的第一任老师，是孩子灵魂的设计师，与其挖空心思为孩子设计远大前程，不如从一点一滴培养孩子的细节修养开始。

细节决定家庭教育的成败。青少年时期正是人生观、世界观、价值观逐渐形成的可塑性的关键时期，对于每个家长来说，无论是对孩子在品质形成、性格缔造上呕心沥血的大爱，还是在衣食住行、日常起居上悉心关怀的小爱，任何细微之处，都有可能改变孩子的一生。

本书是一本适合青少年和父母共同阅读的成长指南，全面梳理了青少年的成长问题，为塑造青少年的品格、培养积极正确的心态、培养创新能力、学会抵御挫折、树立正确的人生观和金钱观等提供了切实可行的方法和指导，为青少年点亮了一盏智慧之灯，帮助他们造就优良的品德、良好的习惯、健全的人格和健康的心态。同时，从父母教育孩子的视点出发，对青少年教育问题的本质进行了深刻探讨，为每一个家长教育孩子提供了有效的指导。一边是孩子积极地完善自我，从内到外地提升自己；另一方面是家长积极地改变自己的教育方法，在相互的配合和鼓励中，才有了优秀的教育效果，优秀的孩子。

  本书对青少年教育问题的本质进行了深刻探讨，为每一个家长解决家教难题提供了有效的指导。本书道理深刻、技巧实用，是一部内容全面、具体的青少年成长秘籍。每一个看似不起眼的细节，都有可能改变孩子的成长之路，扭转孩子的人生方向。只有从细节出发，经过不断的打磨和努力，才能终到达成功的彼岸。

目录
CONTENTS

第一章
心中有爱，教出优秀孩子

教孩子之前，先给孩子足够的爱 /002

家庭是教育孩子的起点 /005

及时修正对孩子的期望值 /007

纠正孩子之前先自省 /010

教育孩子要讲方法和策略 /013

与孩子一起定义"优秀" /016

第二章
与孩子平等交流，是尊重也是爱

逗孩子，不是戏弄孩子 /020

高质量的陪伴是最好的教育 /022

蹲下来，与孩子平等交流 /026
勇于向孩子承认错误 /028
对孩子要提醒不要唠叨 /031
与孩子积极沟通，不是下命令 /034
尊重孩子的话语权 /037
和睦的家庭让孩子更安心 /040
家长要大方接受孩子的爱 /043

第三章
把握分寸，奖励和惩罚都有度

接受鼓励是孩子成长的重要内容 /048
欣赏孩子的每一次进步 /050
奖励孩子不要只用物质 /053
训斥应该避开众人，在私下里进行 /055
找到疼爱与规训之间的平衡 /057
点到为止，给孩子留足面子 /060
隔代没有隔阂，必须坦诚相待 /062
不能迁就孩子的无理要求 /065
疼孩子也要赏罚有度 /068
让孩子学会承认错误 /070

第四章
培养好品格,与孩子共同定义优秀

不容忽视的自信心　/074

可以认输,但是不能服输　/076

帮助孩子克服畏难心理　/080

家长更要信守承诺　/082

批评孩子,目的要明确　/085

不是自己的东西,坚决不能拿　/088

给孩子树立正确的金钱观　/091

排除孩子的嫉妒心　/093

宽容的品性让孩子更受欢迎　/096

一声"谢谢",传递好心情　/099

与别人分享,收获双倍快乐　/103

让孩子懂得尊重别人　/105

为孩子着想,不替孩子做决定　/108

第五章
找对学习方法,提高学习能力

培养孩子的阅读兴趣　/112

把图书馆推荐给孩子　/116

从爱读书到会读书　/118

和孩子一起学习，共同进步 /121
养成勤于思考的习惯 /123
把学习运用到生活中 /125
帮孩子改掉磨蹭的毛病 /127
一起旅行，让孩子感受自然 /129
与其关注成绩，不如关注学习能力 /132
不懂的问题及时提问 /134
学会珍惜时间，利用好每一分钟 /136

第六章
耐心点，每个孩子都有无限潜能

挖掘和引导孩子的天赋 /142
多加鼓励，发掘孩子的潜能 /145
训练孩子的观察力 /148
激发孩子的想象力 /151
增强孩子的记忆能力 /153
孩子的破坏力也是一种创造力 /156
培养孩子的思维能力 /159
提高孩子的表达能力 /162
兴趣培训，就要从兴趣入手 /164

第七章
从细节入手，培养孩子好习惯

家长素质高，孩子有礼貌　/168
让说脏话的孩子住嘴　/171
让孩子学会说"对不起"　/173
从生活中培养孩子的公德意识　/176
小孩子也要讲礼仪　/179
幽默感　/182
社交礼仪不是大人的专属　/186
从小开始，学会热爱生活　/189
餐桌礼仪　/191

第八章
言传身教，与孩子共同成长

不可对孩子有求必应　/196
琐碎的事情让孩子独立完成　/199
让孩子学会自己做决定　/200
家务劳动人人有份　/203
对待孩子的朋友要友好　/205
认真工作是人生的常态　/208

接纳对手是一种气度　/211
父母要善待自我，孩子才会珍惜生命　/213
培养孩子正确的金钱观　/216
让孩子学会自主花钱　/218
懂得爱惜，更要懂得分享　/220

第九章
学会倾听，陪孩子走过青春期

关注孩子的心理健康　/224
陪孩子一起拒绝不健康饮食　/226
正确看待青春期孩子的行为　/229
理性引导追星行为　/232
杜绝暴力，从父母做起　/234
尊重孩子对异性的好感　/236
让孩子拥有爱与被爱的能力　/239
鼓励孩子去试错，不要打压　/241

第一章 心中有爱，教出优秀孩子

❀ 教孩子之前，先给孩子足够的爱

有位妈妈曾经这样说自己带孩子的经历：我的儿子还小的时候，晚上睡觉经常会踢被子，我很担心他会在半夜冻着，所以在晚上睡觉的时候自己只盖薄薄的一层，半夜自己冻醒了之后就到儿子那里去看一眼，帮他把被子盖好我再安心去睡觉。

很多父母看到这里想必都会很有同感，孩子的一切几乎都占满了父母的心。可怜天下父母心，疼爱孩子是人之常情，但是如果有一天我们发现自己深爱的孩子并不领会我们的一片苦心，甚至会做出伤透父母感情的举动，那么扪心自问，我们当父母的究竟是哪里做得不对呢？

一家幼儿园开展德育教育培训，在活动的最后一天请所有的小朋友上台来讲自己的心得。有个孩子上台就这样讲：通过这几天的学习我终于明白了什么是孝顺，原来做人要孝顺。他的母亲坐在下面听到孩子这样讲，还是很欣慰地落下了眼泪。这句话很值得大人反思，为什么这么本分的道理，孩子竟然不懂呢？

相比之下，我们和古人在这一方面实在是有太大的差距。根据史书上的记载，东汉的黄香在九岁的时候就懂得很好地照料父亲，夏天来了，晚上他会用蒲扇把席子扇凉再请父亲入睡，冬天的时候，他会用自己的身体把被子温热了，然后再请父亲入睡。有的父母听到这个故事，会说：我的孩子要是能这样，我会笑着死的。

孩子就像是一块璞玉，要经过切磋琢磨才能发出光泽。如果我们做父母给孩子的只是无原则的疼爱而不是雕琢，相信最后的结果很可能是两败俱伤。

中国自古最为重视的就是教育，有优秀的后代才会有兴旺的家庭，国家也才会有希望。教育，可以说是中国历史上的一个宏大的主题。

在中国古代，除了皇宫，只有两种建筑的等级是最高的，一种是寺院，另一种就是学校。而在古代，寺院相当于现在的讲坛和国家图书馆，其实也是在起到教育的作用。

中国古代讲"礼乐治国，诗书传家"，即便是人们娱乐用的戏剧，所表达的题材大多都是教育的主题。教育，是贯穿中国古代社会的一条主线。流传至今有大量的治家格言、教子庭训、名人家书，无不说明了教育的重要性和必要性。

有些家长觉得教育是由幼儿园和学校来负责的事情，自己只要努力工作，为孩子创造最优越的成长环境就够了。其实不然，家庭是对孩子教育的第一站。很多家长由于工作忙碌，把年幼的孩子委托给保姆或自己的父母来带,这是极大的失误,不仅与孩子的感情疏远,而且主动放弃了教育孩子的大好机会。

育才方案:给孩子的精神"断奶"

依赖是心理断乳期的最大障碍。当孩子进入青春期后,他已经具备了一定的独立意识,但对别人的依赖仍常常困扰着他。随着身心的发展,他要面对的问题,承担的责任将越来越多。有些人感到胆怯,于是他们讨厌成长,向如同儿童依赖父母一样去依赖别人,这样往往不能形成自己独立的人格。他们容易失去自我,遇到问题时,时常祈求他人的帮助,往往人云亦云,优柔寡断,丧失自我主宰的权利。

依赖心理产生的根源在于父母的溺爱。现在的父母对子女过度保护,一切为子女代劳,给予子女的都是现成的东西,使得子女养成了"衣来伸手,饭来张口"的习惯。当孩子走向社会后,就会觉得别人也应该理所当然地给予他,关心他,让他可以去依靠。

孩子的依赖心理如果长时间得不到纠正,发展下去有可能形成依赖型人格障碍。出现恐惧、焦虑、担心、缺乏安全感等一些负面情绪,严重影响人际交往和学习生活。

❋ 家庭是教育孩子的起点

夏特洛·梅森是英国著名的教育家，被誉为是"家庭教育之母"。她强调"教育是一种氛围，教育是一种训练，教育是一种生活"。就整个社会而言，最重要的工作就是抚养和教育儿童，在家庭中尤其应当如此，任何事业上的提升和尊严都不能代替家庭教育的地位。因此，父母要与孩子一同长大，引导他一点点地走向独立和成功，首先就是要创造健全的家庭环境。

梅森博士还强调，幼年时期是孩子生命中最重要的阶段，家长的主要职责是让孩子养成良好的性格。她告诫为人父母者，为了养成孩子良好的习惯，做父母的不可以专制，不可以对孩子漫不经心，不可以枯燥地说教，而应是民主的、温和的、公正的、宽大和善的，父母应更多地给予孩子表扬，而不是批评。

"孩子是船，家教是帆，家庭是孩子成功的港湾。"家庭既是孩子的第一课堂，也是终身课堂；家长是孩子的第一任教师，也是终身教师。想成为一名优秀的家长首先要不断提高自身素质，切实做到身教重于言教，以达到润物细无声的目的；其次要了解孩子在各年龄段的生理和心理特征，特别是个性特征，学会尊重孩子，选择有效的教育方式、方法，高瞻远瞩，不断激发孩子成功的动力；除此之外，家长还要努力创建和谐的家庭氛围，让孩子幸福愉快地成长。父母是人生涉世的第一师。家庭教育，特别是家长有意识的教育，对子女道德品质的形成和身心健康成长起着重要的作用。

育才方案：想方设法让孩子高兴

"玩"是孩子与生俱来的天分，通过玩，可以启发孩子的观察力、想象力与创造力，而大人还可以借此了解孩子的想法、和其他幼童的互动模式是否正确、游戏的安全性等，更进一步导引和启发孩子更多的思考点。与生俱来，每个孩子都爱玩，也几乎都曾经因为玩耍而闯下大祸或小祸，遭到大人的呵斥与责罚。"我家孩子太爱玩了！真头痛！"当您因为孩子与生俱来的"本事"而大伤脑筋或感到麻烦，甚至担忧他因此耽误学习、跟不上别人时，其实，您极有可能弄错方向了。

上天既然赋予每个孩子玩耍的本能，自然有其用意。看看那些生来有缺陷的特殊儿童，如患有脑性麻痹、自闭、智障或其他疾病的儿童等，即使老天剥夺了他们部分的能力，仍然仁慈智慧地保留了他们"玩耍"的权利。"玩耍"是每个孩子的天赋特权，我们不仅不应该抱怨或剥夺，还要感恩而且善加利用。

陪孩子玩耍是父母责无旁贷的功课。大人陪孩子一起玩耍的基本守则，应该要建立在与儿童的"对等平视关系"上，而并非传统的上对下的观点，孩子才是游戏互动关系中的主角。

陪孩子玩耍，除了创造多元机会与空间，更应确切掌握幼儿的听觉与理解特性。许多爸妈会从"大人"的角度，和"小孩"互动，间接或直接安排甚或命令孩子怎么做、怎么玩、玩什么。

其实小孩就是小孩，并不是"小大人"，他们是独立的个体，也拥有自己的想法，像是一个隐藏的"神秘宝盒"，我们只能逐步开启和循序引导，不能掌控和左右。

还要鼓励每位父母，趁孩子学龄前的"黄金时光"，多陪陪孩子，不仅要陪他尽情玩耍，还要玩得有方法、有技巧。多陪他听音乐、学说话、学沟通，而且要学原生母语。当我们找到开启童心的魔法钥匙，每个大人都可以再变回孩子，重新陪你的孩子再享受一次美好幸福的童年。

❧ 及时修正对孩子的期望值

每一个父母都希望自己的孩子能十全十美，这只是一种良好的愿望，孩子肯定会存在着一些不足，胆大的孩子往往是粗心的，谦虚的孩子往往是柔弱的，直爽的孩子往往是不顾及别人的，这些都需要父母来体谅，并且以一个正确的态度来帮助孩子。如果因为孩子的某些缺点而嫌弃的话，不仅会伤害孩子的自尊心，同时也是做父母的失责。

只要父母对孩子不放弃希望，相信一切障碍都可以逾越。在日常生活中，很多父母会对令他们失望的孩子说"你怎么这么笨""当初就不该生下你"这类伤害孩子的话，也许做父母的说完就忘了，并不记在心上，而对孩子来讲，无疑是给他们的心灵打上了深深的烙印。这样如何让孩子感受到父母对他的爱呢?

周婷婷从小就双耳失聪,又聋又哑,但她的父亲从没有对女儿放弃过,为了让孩子和别的小朋友一样正常地学习生活,爸爸没少费心。小学的时候,由于听不明白老师讲课,婷婷的数学非常糟糕,但是父亲一直在鼓励她,帮助她树立信心。有一次,爸爸给婷婷十道数学题目,而婷婷只做对了一道题,父亲显得很高兴,对她说:你真是太优秀了,这么难的题目竟然做出来一道,将来一定能学好数学。等到后来婷婷长大之后,父亲回忆起这段往事,告诉孩子说:多亏当时她做对了一道,否则的话自己真的都不知道怎样安慰女儿了。

积极的心态对于孩子的智力发展影响很大。一个自以为自己不如别人的孩子,总是倾向于向人们说自己不行,而父母如果在这时把孩子的一次失败或一时的弱点作为能力缺陷在孩子面前不断重复,孩子的自责就会得到强化,并逐渐地在心理上凝固成一种并不真实的认知,这会使孩子由一般的自责转变成自我失败主义心理,严重地压抑了孩子的进取心和创造性。

所以,无论是有天生缺陷的孩子,还是成绩不好、不爱学习的孩子,他们本来心理就比较脆弱,父母对他们更应该耐心和细心,使他们时时受到鼓励和帮助,并且克服和战胜那些缺陷给生活和学习所带来的不利与不便。同时,作为父母,为了鼓励孩子奋斗的勇气和增强孩子对生活的信心,还应该更加细心和热情地去发现孩子的优点,发挥其长处。

育才方案：缺点的反面就是"增长点"

孩子犯错或者表现不令父母满意的时候，很多父母总是一味地抱怨甚至是批评。孩子在成长的过程中，有缺点是正常的。父母不要担心孩子犯错误，因为一个孩子在犯错的时候，正是我们教他的时候。换一种视角来看待，抓住每个机会点来教孩子。

有一个小女孩，一次忘记了带作业本上学，到了学校已经快上课了，发现自己的作业本没有带，因此受到了老师的批评。回到家之后，小女孩心中很难过，闷闷不乐的。这时爸爸看到了，知道她今天在班上挨了批评。爸爸很理解孩子现在的心情，她已经很沮丧了，不能再批评了，就和颜悦色地对她讲道："爸爸教给你一个方法，让你以后再也不会挨老师的批评。"小女孩听到爸爸这样说，眼睛亮了起来。爸爸接下来告诉她："以后你要自己准备一个小本子，把第二天要交给老师的东西都记在小本子上。前一天晚上睡觉之前就把小本子上记的东西一一放进书包里，这样的话，以后就再也不会忘了。"小女孩也认为这是一个好方法，很高兴地开始实行，以后再也没有忘过带东西。

这位爸爸这样做的高明之处就在于，他并不像有的父母那样批评孩子，"你看看你，成天到晚丢三落四的，什么时候改得了啊，真是，就欠老师说你！"这时孩子本来就已经够沮丧了，家长说这样的话无疑是给孩子泼了冷水，不仅伤害孩子的自尊心，同时也对解决问题起不到什么效果。而故事中的这位家长就是善于利用孩子犯错的机会，帮助孩子找到了解决问题的方法，还让孩子养成了良好的习惯。

❀ 纠正孩子之前先自省

一个小朋友和同学打架因而被老师扣在学校要请家长，孩子的妈妈来了之后，当着老师的面，脱口而出："都是这些坏朋友，把我的孩子拖下水"。很多时候的家长并不从自己身上找原因，也不懂得反思，这样会永远找不到解决问题的方法：试想，为什么自己的孩子会和这些坏孩子一起玩？说明孩子的免疫性还不够好。为什么孩子的免疫性还不够好？还是与家长的工作没有做到位有关。

有一位父亲和孩子一同开车出去，半路的时候车子坏掉了。孩子就和父亲相约，自己先去修理车子，下午四点钟来这里接父亲。可是当这个孩子把车子修理好的时候，才刚刚不到两点。由于时间尚早，孩子就买了一张电影票，很舒服地看电影去了，这样不知不觉就忘掉了时间。

等电影散场之后，才发现已经快五点了。孩子急急忙忙开车去接父亲，果不其然，父亲正在那里等他。

"今天怎么这样晚呢？"父亲很平静地问道。

"今天那家修理站人很多，我又换了一家。"孩子怕父亲会责备他，只好编了谎话。

"你在说谎。"父亲很直接地戳穿了他的谎言,"我刚从修理站回来,那里的小师傅说我们的这辆车来过并且很早就修好了。你根本没有去别的修理站。"

孩子听到爸爸这样说,心里很慌张。

"我今天很难过,不是因为你迟到了。最让我心痛的是,我一手养大的孩子居然说谎话骗我,这是我教育的失败。我要好好反思我自己,今天我决定自己走回家,作为对我的惩罚,你先开车回家吧。"父亲说完之后,就一直朝家的方向走,任凭孩子如何劝说,都不肯上车。

那里离他们家有18公里,父亲真的是一步一步走回家的,孩子只好开着车子在后面跟着,走到家的时候已经是半夜了。这次经历深深地印在孩子的心中,以后他再也不敢对父亲说谎了。

这位父亲最值得称道的地方就是:当孩子犯错的时候,能够认识到是自己教育的失败,这是一位负责的家长,才会有如此的教育敏感度。"养不教,父之过",孩子所犯的错误,作为父母要先想到这是自己教育的失职。不懂得反思的父母,教育孩子的后果可想而知,孩子可能会在心里很不服气,只是他们在小的时候没有办法反抗。父母自己先以身作则,对孩子提出适当合理的意见时,相信孩子就会从内心接受父母的教诲。

育才方案:一切改变从自己开始

有一位家长曾经讲述过自己的一段教子经历。

这位家长是社会上一个很有名望的律师，无论是从资历还是从经济上各方面都很有优越感。他有一个可爱的女儿正在上小学，小女孩在班上学习成绩优秀，也很踏实，每天上学放学都会路过繁华的商业区但却从不耽搁。唯一的缺点就是，这个小女孩见人从来不爱搭理，显得很没有礼貌。小女孩的爷爷看到孩子有这样的坏毛病，就责怪这位家长："看看你们啊，还都是从国外留学回来，怎么会把孩子教成这样呢？"这位家长也很纳闷，不知道孩子这样的缺点从何而来。家里来了客人，这位家长会主动让孩子和叔叔阿姨打招呼，可是小女孩把头藏在爸爸身后，就是不说话。

家长很为孩子这样的坏毛病而苦恼，但是他找不到问题的原因在哪里。都说孩子是父母教出来的，可是自己什么时候也没有这样教过孩子啊。

有一天，这位家长整装要去上班了，突然看到镜子里的自己，让他着实吃了一惊。镜子里的那个人面无表情，仰着头板着脸，实在是很难看。"原来自己一直是这副德行啊！"他及时做了反思，才终于明白为什么女儿不愿意和别人说话。

女儿的冷漠来源于家长的一种骄傲。这位律师自己讲，夫妻二人都是名牌大学的研究生毕业，也都有出国留学的背景。回国之后有很好的收入，不仅买了房子车子，而且是人前人后，很多的大老板遇到经济纠纷都来找他，可以说是万事不求人，觉得自己很了不起。虽然与人说话从不会很骄傲，但是这种心态已经潜移默化地影响他的女儿。

想明白之后，这位家长决心要从自己开始改变。从那天以后，每天上班，他都会与事务所里面的年轻律师主动打招呼，回家进入小区门口，也会主动和保安打招呼，周末带孩子回家看父母，就同着孩子给老人行礼问好，就这样一直坚持一段时间。

平时这个小女孩习惯自己闷在屋里很少出来，都是爸爸妈妈走进去哄哄孩子。有一天，这位家长下班回来刚刚迈进家门，孩子就从屋里跑了出来，向爸爸问好。他高兴极了，因为这是以前从来都没有过的。

这位父亲明白了先从改变自身做起，结果收到了意想不到的效果。只要家长找到自己的原因，做出一点小小的改变，孩子就会回报给你惊喜。有的家长遇到孩子有了某些错误，从来都不会反思到自己，如果只是批评一下孩子，那怎么可能真正解决问题呢？

❀ 教育孩子要讲方法和策略

有人认为，孩子从出生就有了优劣之分，只有本身优秀的人才能生出优秀的子女，一般的家庭也就只能养育一般的孩子。然而事实上，遗传对孩子智力的影响，远不如它对孩子身高、体重和外表的影响那样明显。几乎绝大部分健康的儿童，在智力上都是差不多的。即使存在天赋上的差异，经过不同的教育，也完全有不同的结果。

以教育理念闻名的老威特有一个经典的运算例证：

如果很幸运地生下一个天赋为100的天才，那么普通的孩子天赋大概只有50，低智商的孩子大概在10以下了。

要是孩子都接受相同的教育，那么他们所具备的天赋优劣就决定其命运。但是目前孩子受到的教育各不相同。天赋为60的孩子，结果可能只能发挥出30。如果对孩子进行可以最大限度发挥其天赋的有效教育，就算生下来天赋只有50的孩子，也能比天赋有80但没有接受教育的孩子优秀。

其实这笔账我们都会算，天赋的优劣是一回事，能否激发孩子的天赋，是另外一回事。而父母要做的，就是通过科学的方法来教育子女，尽可能地激发他们的潜能，培养他们的学习能力和处世方式，将他们引向精英之路。

正如一颗种子，给它细心的照料和任它在野外自生自灭，会有两种截然不同的形态。适当的阳光、水分和养料，可以激发它本身的潜能，长成一棵参天大树；如果落在悬崖峭壁间，栉风沐雨，能够发芽就已经是万幸。

孩子身上巨大的潜能和各种各样的特质，等待着父母去为他创造条件来施展。不同的父母教育出完全不同的孩子，不是父母对孩子的爱有深浅，而是父母的教养方法有优劣。

同样一件事情，孩子可能从中学会说第一句谎话，也可能学会做一个靠诚实努力争第一的人。关键就在于，家长以何种方式来暗示孩子。有的人会说，"孔融让梨"不一直是我们文化中的美谈吗，孔融的自愿让梨，与在家长暗示下的说谎，实在有着天壤之别。

教育的方法就是这样利害攸关：不是将他引向平庸的生活甚至犯罪，就是让他走向成功。

育才方案：对孩子进行有效批评

很多家长都认为，孩子犯了错误之后就应该严厉地批评。而实际上，孩子的判断能力远不及大人成熟，他们时常会犯错误。但是，即使是孩子，也具有区分好坏的基本判断能力，如果犯了严重的错误，内心深处一定会有所察觉。虽然不知原因，他也会自问是否做错了。虽然意识到自己错了，如果父母在一旁呵斥，刚刚萌发的反省心也会一下子化为乌有，进而产生反感，甚至可能将错就错下去，如此就会带来相反的效果。

孩子会在被批评的过程中，学会辨别是非，学会区分哪些事情是好的、哪些事情是坏的。但是，如何批评才能达到既改正孩子缺点，又不伤害孩子的自尊心的效果，其中便有许多技巧。

首先，批评孩子，应该保持冷静的态度，向他讲道理，以理服人，而且自己的立场也要始终如一，莫名其妙地批评训斥孩子却只能起到相反的作用。另外，同样的事情今天批评他了，到了明天却不去管教，这样的做法也不值得提倡。家长应该立场坚定，一如既往地教导孩子什么是"是"、什么是"非"，不应该有丝毫的放松。

其次，批评孩子要有分寸、方法得当。

有一个孩子曾因不满学校的严格管理，做出了伙同他人一起破坏学校部分校舍的荒唐之举。学校的规章制度非常严格，所以他已做好了退学的思想准备。而校长却把他们召到校长室，流着眼泪说了下面的一段话：太令人遗憾了。我现在什么也不说，想必你们也在反省自己吧？希望你们能再一次反思一下自己所做的事情。

校长宽宏大量的批评，深深地刺激了学生们，使他们进行深刻的自我反省。因此，采用什么样的批评方式非常重要，它既能使孩子的才能得到提高，反过来也能使之下降。

❀ 与孩子一起定义"优秀"

孩子处在年少好动的阶段，渴望自由是他的天性使然。当父母的无论把他看管得多紧，他还是会想方设法去冲破种种樊篱和桎梏，就像被关在笼子里的动物，不管你给它什么好吃的，它永远都会处于不安分状态。只有自由的天地才是强者生存的土壤，为了自由，宁愿在险象环生的处境中生活，也不愿享受"被限制了自由的富贵"。我的父母要想把自己的孩子培养成为生活的强者，就应该多给他一些自由的空间。

孩子的成长需要自由的空间，而不能将他的视野封闭起来。

父母在教育孩子的过程中也尤其要注意避免用自己的想法来左右孩子，应该是尊重孩子，让他按照自己的意愿充分地发挥自己的才能。作为父母，也不必为孩子担心得太多，不需要把孩子包裹得太紧。过度的保护和期望，都会让孩子失去独立生活的能力。

家长有义务和责任来教导孩子，但并不是要事无巨细地来插手管，更不能以"为了孩子好为借口"帮孩子选择将来的发展，违背孩子的意愿，是非常不应该的。随着社会的进步，父母们"望子成龙"的心愿比任何时候都更加迫切，与之相应地是父母对孩子的规划越来越多，甚至于日常生活都要严加看管，时时刻刻地看护和提防，不仅引起孩子的反感，父母也是觉得耗尽了心思和精力。

育才方案：不管就是最好的"管"

著名的教育工作者孙云晓说：中国的父母正在辛辛苦苦地酝酿着孩子的悲剧命运，争分夺秒地制造着孩子的成长苦难。实际上，我们的父母在和自己作战，用自己的奋斗来击毁自己的目标。父母限制孩子的自由，实际上是在制造孩子和自己的距离，在某些时候会导致"控制"和"反控制"的斗争愈演愈烈。

某15岁的初三女孩对父母一直把她当小孩子、限制她的自由感到特别烦恼。她说，父母就像看劳改犯一样管着她，有时比看管劳改犯还要紧。她所做的每一件事都是父母为她安排的。她感觉到自己像一个玩具，毫无自由可言，连每天吃什么、穿什么、看多长时间书、做多长时间功课、练多长时间古筝、看多长时间电视、几点上床、几点起床，甚至连她日记中写的什么内容，父母都要干预……尤其让她感到不舒服的是，学校就在家对门，父母还要坚持每天接送她，这让她在同学面前很没有面子，感觉自己是一个实实在在的囚徒……

我们父母所要做的，是帮助孩子，在他遇到危难的时候扶持他，在他不知所措的时候鼓励他，在他不敢走下去的时候依然信任他，并不是自己一手包办，给孩子规划他的未来，看什么样的书，报什么样的特长班，考什么样的学校，学什么样的专业，找什么样的工作……孩子成为他们的木偶，被他们塑造着明天，这样生命的乐趣在什么地方？孩子如何能够体会到努力所带来的成就感，如何能体会到一往无前所带来的胜利喜悦，如何能有自己真正值得滋滋追求的目标，又如何尝到人生的多样滋味？

放手给孩子主动权，很多事情是需要孩子自己做决定的。

第二章 与孩子平等交流,是尊重也是爱

✿ 逗孩子，不是戏弄孩子

在家庭生活当中我们经常犯一些错误而没有察觉。比如有的时候，大人看到小孩子的模样很可爱，会拿糖果去逗弄他，但是又不痛痛快快地给他："叫一声姥爷，就给你"。可是孩子叫了之后还是不给，"再叫一声"。很多旁人看这样的场景总是哈哈一笑了之，不知道这样的做法弊端在哪里。我们不能说大人们不爱孩子，但是设身处地地站在孩子的立场上来考虑，这样的做法给他带来的只能是一种被捉弄的感觉。看到大人们的笑，小孩子可能会感觉到莫名其妙，不知他们笑的原因是什么，不知道自己究竟是做错了什么，而小孩子又无法表达自己的意思，只有把这份疑惑和不满藏在心中，化作一种被羞辱的感觉。

我们总是以为孩子小什么都不知道，但事实不是这样的。

孩子虽然小，不是不懂事，而是处于弱势。父母对小孩子不仅不能捉弄，还要格外尊重，尊重他是一个独立的个体，对孩子内心的判断力存有敬畏心。很多家长总是以自己是家长自居，觉得孩子听他的话理所应当。家长不能设身处地地考虑孩子的感受，不能感受到孩子的需要，也就没有真正明白什么是爱孩子。

　　中国古代有一个很廉洁的官员，有一次来到一个地方，受到当地民众的夹道欢迎。当他快要离开的时候，有几个小孩子找到他，问："明年的这个时候你还会来吗？"这位官员很慈祥地对这几个孩子说道："会的，明年的这个时候，我们在那个亭子见面好不好？"孩子们听了之后很高兴，满足地回家了。

　　一年之后，这位官员又来到这个地方，但是他险些忘记了当初和孩子们的约定。直到离约定的前一天才想起来，他断然地推开了公务，决定要遵守诺言去和孩子们赴约。转天当他来到当初约定的那个亭子时，这几个孩子正在那里等着，他看到这样的场景非常的感动，也庆幸自己没有失约。

　　这位官员真正做到了"童叟无欺"。在赞扬这样的品格之余，也能看得出孩子的天性是纯真的，不容许受到一点伤害。如果大人在有些事情上伤害了孩子，不仅伤害他们的品格和自尊，更可怕的是他们会对大人失去信心，在教育孩子上增加难度。

育才方案：在日常交流中不要哄骗孩子

　　我国现代著名的教育专家陈鹤琴先生就坚决反对捉弄孩子，他认为和孩子的交流也是一种德行教育，是容不得大意马虎的，并且很肯定地认为经常被捉弄的孩子会出现品德方面的缺陷。

　　父母在教育孩子的过程中，应该有意识地让孩子感到是自己是被爱的，而不是被捉弄的。这一点尤为重要。因为一个人的自尊心和荣誉感多是从儿时开始培养的，一个经常被捉弄，处于"丑角"地位的孩子，他的内心中的自尊心和荣誉感都不能健康发展，这对他的人生将是一个极大的损害。我们知道中国古代的帝王不论多么年幼，也会受到大臣的跪拜和朝仪，这也是为了培养他的帝王之气、九五之尊。捉弄孩子影响的正是孩子对自己的认知，反复拿孩子当成把戏，一方面降低了大人在孩子心目中的可靠性，更重要的就是让孩子觉得自己的自尊心受到伤害，或者变得"没脸没皮"。孔子说"知耻而后勇"，一个不知羞耻的人，是难以承担责任、明辨是非的。

在与孩子进行亲子交流的时候，应尽量采取一些活动，既能让孩子感受到愉悦的快感，同时也要让孩子有成就感。因为"逗"孩子是以孩子的快乐为前提的。

❋ 高质量的陪伴是最好的教育

据世界卫生组织公布的一项研究数据表明，平均每天能与父亲共处两小时以上的孩子，要比其他孩子智商高。经过许多实例和科学研究表明，父母不管多忙都要抽空陪陪孩子，以满足孩子的情感要求。

孩子是父母最大的支撑，父母在社会所做的一切努力，很多都是为了孩子。但是，很多父母由于太忙了，根本就没有时间来亲自照料孩子，也很少能沉住气耐心陪陪孩子。

今天明明的爸爸终于有时间休息了，明明特别高兴。父子两人来到客厅，爸爸准备陪孩子一起读那本新买来的故事书，刚坐在一起没有五分钟，不料电话一个接一个地响起。

"儿子，坐在这里等等爸爸啊，我接个电话，马上就回来。"爸爸说着匆匆地去和客户聊开了，把明明晾在一边。

打了一通电话之后，爸爸回来找孩子，刚要开始一起读书，没想到电话铃又响了。

"明明乖啊，爸爸再去接个电话。"爸爸说着又跑开了。

这时的明明心里很难过啊，心想："原来爸爸这样不重视我，算了，我还是自己一个人玩吧"。

这是在很多家庭中都会出现的片段，父母可能不觉得有什么大不了的，可是以孩子的立场来看，其实是对孩子的极不尊重。很多家长由于工作确实忙，实在没有时间来照顾孩子，内心也是充满着愧疚，只好用物质来弥补，但是这样的效果好吗？

小强的爸爸工作很忙，可以说是以岗为家，早出晚归，小强很少能看到爸爸。因为每天早上他还没有起床，爸爸就上班去了，晚上他要上床睡觉了，爸爸可能加班还没有回来。爸爸其实心里觉得很愧疚，不知道用什么样的方法来补偿孩子，他所能想到的，就是用物质来回报孩子。

有次爸爸出差回家，召唤小强，"看爸爸给你带什么好东西回来了"，孩子跑出来，接过爸爸手中的礼物，说声"谢谢爸爸"，然后就回屋玩去了。以后每次爸爸出差，都不忘给孩子带礼物。孩子好像也摸清了爸爸的行动规律，每次当爸爸出差回家的时候，他总会主动地跑出来，然而眼睛不是看爸爸，而是盯着爸爸手中的礼物，说"爸爸你回来了"，接过礼物，然后跑回房间自己玩耍去了。

但有一次爸爸出差回家，恰巧忘记了带礼物给孩子，而小强像往常一样出来迎接，发现爸爸这次没有给他带礼物。"咦？你怎么这样就回来了？"听到孩子这样的问话，爸爸哑然。

父母可曾想过，我们努力地在外打拼，就是为了让家人生活得更好，可是在教育孩子的问题上，总是出现重大的失误，是不是有点得不偿失呢？

其实孩子最需要的，并不是这些好的玩具和礼品，而是父母发自真心的关怀，他们最需要的是父母的陪伴和交流。很多家长在年轻的时候没有时间来陪孩子，等到孩子长大之后，他们痛苦地发现，孩子也不愿意和他们沟通了。单纯地依靠物质和孩子进行沟通，那会让孩子把沟通看得很功利。这些"情感饥饿"的孩子，在他们的内心，爱是不完全的，所以会表现出情绪和心理上的不稳定。

育才方案：制订一个"属于孩子的时间"

在马克思的家庭里，父母和女儿的关系真挚融洽，充满了人生的乐趣。在孩子们还很小时，马克思常利用工作的闲暇和孩子们一起做各种游戏。孩子们兴致勃勃地把椅子摆成"马车",然后把父亲"套"在车前,孩子们挥舞着"鞭子","车"上"车"下一片欢腾。"爸爸是一匹好马",这是女儿们对父亲的评价。

每逢星期天,即使再忙,马克思也总是放下紧张繁忙的工作,听孩子们"指挥"。他带着孩子们出去尽兴而愉快地游玩,让孩子们接受大自然的熏陶,既增长他们的见识,又锻炼他们的意志和体魄。

一次,恩格斯来到马克思的家里,见他正在聚精会神地伏案工作,便赶忙提醒他说:"喂,你忘了今天是什么日子吗?"

马克思一听,愣了一下,拍了拍脑门,微笑着说:"啊,对了,今天是星期日,星期日应该属于孩子!"于是,马克思放下工作,和恩格斯一起,有说有笑高高兴兴地领着孩子出去郊游了。

马克思的女儿们永远不会忘记,她们和父亲一起度过的那些愉快的星期日,这些美好的星期日,成为她们记忆中最快乐的日子。作为父母,我们能从马克思对待孩子的做法中受到有益的启示:无论自己平时工作多忙,每周或者每天都要抽出时间跟孩子们在一起,陪伴他们成长。这不仅仅是享受天伦之乐,重要的是让孩子知道,你是多么在意并且关注他。

好父母胜于一百个教师。马克思就是这样一位好榜样,尽管他一生都在为人类的解放事业进行着不屈不挠的斗争,却一刻也没有忘记作为一个父亲应尽的责任和义务。女儿爱琳娜在回忆父亲时深情地说:"他是儿女们最理想的朋友和最可爱的、最愉快的同伴。"

❀ 蹲下来，与孩子平等交流

成功的家庭教育，一定是民主的。和孩子平等交流，这一点很重要。蹲下来与孩子交流会使家长的目光与孩子的目光平视，以平等的姿态进行交流，这一点会让亲子间的沟通更加顺畅。

千万不要小看与孩子说话时蹲下来这个很小的动作，它传达给孩子的信息是：我们一样平等。如果家长坚持这样做，很快就会改变对孩子命令的态度。很多人不重视动作，认为这些都是形式而已，其实这些形式也会慢慢地影响人的内心。

蹲下来和孩子说话，看似是一个小小的举动，但是长时间坚持下去，相信家长会发现自己不再对孩子用命令的口气说话了，而是改成了商量的口吻。而孩子也会更乐于和父母配合，亲子之间更加默契。是否和孩子蹲下来说话，这只是一个方式，更重要的是在父母心中，孩子是否也同样拥有独立的人格，这个小小的举动折射出更深层的道理：以平等的姿态才是与孩子沟通的最好方式。

著名的教育家黑幼龙曾经谈及自己在教育子女中的一件小事。有一次他和女儿黑莉莉说话，女儿对他说："只有这一次和你说话，我感受到了父爱。"黑幼龙很奇怪地问她原因，女儿说："只有这一次我们交谈的时候，你在用目光正视着我。"看，和孩子的目光交流也很重要，孩子可以从你的眼神中读到你的内心。

在日常生活中，我们能经常看到父母站在那里，大声地呵斥孩子："快过来，别乱动！""一边去，别烦我。"父母的姿态看似很威严，可是在孩子的心目中，肯定是一点都不可敬。还有的父母回答孩子的问话经常是头都不抬一下，只顾忙自己的，没有照顾到孩子的心理。

您是否愿意与孩子蹲下来交谈呢？您觉得有必要维持家长的威严吗？您有没有发现孩子不愿意与您敞开心扉呢？如果发现孩子不想和您交流什么，那就要先做自我反省了。

育才方案：父母的教育应尽量的人性化

要教育孩子，首先要尊重孩子，在与孩子交流时要平等，在此基础上才会努力地去理解孩子的想法。这种平等的关系会使孩子愿意同父母交流，并能听得进父母的说教，这是做好子女教育的首要条件。为了做到这些，我们在对孩子的教育上要尽可能地多一些人性化，从子女容易接受的事和有关的问题出发，给他提建议，让他明白哪些该做、哪些不该做。孩子最初的受人尊重的感觉是从父母那里得到的，尊重别人的意识也是在日常生活中经过多次的训练、教育和不断地强化而逐渐建立起来的。而且只有那些能够得到父母的尊重与爱的孩子，才会懂得如何去尊重别人、爱别人。放下长辈的架子，蹲下身来与孩子交谈，而不要总给孩子"高高在上"的压迫感。

我们习惯了站在成人的立场、成人的思维方式为孩子分析问题，告诉他们应该如何去做，这会使他们怯于亲身去体验。如果我们坚持认为自己的知识渊博，总是滔滔不绝地向孩子灌输，不厌其烦地纠正孩子的错误,我们就限制了孩子自己去积累知识的机会。而且这种认为孩子这也不行那也不行的态度,会极大地打击他们的积极性,使他们丧失自信。学会站在孩子的角度思考问题。我们所要表达的爱,是要对方接受的,千万不可因"爱"而生"碍"。

❈ 勇于向孩子承认错误

台湾著名的漫画家几米有一本漫画,叫作《我的错都是大人的错》,其中有很多"金玉良言",一针见血地说出了现代家教的矛盾:
有些父母喜欢教训孩子:吃得苦中苦,方为人上人。
但他们自己吃尽了苦头,也没有变成人上人……
大人喜欢吹牛,
却要求小孩诚实。
所有的孩子都爱吹牛,
说他们的爸爸从来不吹牛。
大人喜欢对小孩说,
永远永远不要放弃梦想。
但为什么放弃梦想的都是大人?
这些既简单又直白的语言,把大人问得哑口无言了。对啊?为什么家长总是在做自相矛盾的事情,一边说着这样的话,一边又做着那样的事。每个父母都喜欢自己能有一个称心如意的孩子,但是很抱歉,几米又说出了一个真相:"我知道我不是一个完美的小孩,但你们从来也不是完美的父母,所以我们必须互相容忍,辛苦坚强地活下去"。

很多孩子的不完美,都是从大人的身上映射过来的。比如我们常说孩子没有什么自尊心,不知道害羞,脸皮太厚。是不是因为他的自尊心被父母伤害得太严重了,产生了"抗体"。或者是他们没有从父母的身上找到自尊的感觉,从来不知道自尊是一种怎样的东西。现在孩子身上反映出来的种种问题,都是大人教育思想或者教育行为的后果。

有的家长说孩子不爱学习,但是他自己也从来没有在家中翻阅过一本正经的读物。有一位老师曾说,他请了专门的家长培训老师去学校培训,结果有几个家长却趁机带着孩子去澡堂。"那些人的脑子才需要洗一洗呢!"

家长会上,如果是家长自由选择座位,常常可以见到大家都往后面坐,哪怕讲台前面的位置空了很多。有很多家长迟到,或者听到一半的时候就离开了教室,或者在听课的过程中从来没想过要记笔记,或者是突然接听电话,大声说话打断老师的思路……

我们能责怪孩子听课不积极、不记笔记、不用心、不守时么?

"妈妈,今天你们都听了些什么?"一般孩子都会好奇,看老师有没有批评自己,或者有没有表扬到自己的进步。

这时候,如果妈妈能拿出来一个笔记本,一条一条说今天的学习内容,孩子马上就能知道,做好笔记很重要。但很少有家长能做到这样,甚至连讲了些什么都忘记了。

更有甚者,回家之后向孩子抱怨:"今天听课真是白搞了,啥也没记住,往后再也不去听了。"这不是在告诉孩子听课没意思嘛。

家庭是孩子的第一所学校,好的或者坏的教育,都将在孩子的心中留下烙印,代代相传。孩子是大人的一面镜子,我们都可以从他们的身上看到自己。孩子身上的那些错误,很可能就是这个家族的错误,或者,就是我们大人的错误。

育才方案:为自己的错误向孩子道歉

不少父母认为自己是"一家之主",为了保持自己的威信和形象,总是用气势压倒孩子,不愿意在孩子面前承认自己的过失,不仅违背了做人的基本原则,也是犯了家庭教育中的大忌。父母如果不主动向孩子承认自己的过失,就会在孩子心中形成"父母其实总是出错"这样的观念,久而久之,一旦孩子对父母不再信任,那对父母的教诲也同样不会放在心上。

曾经有一个小朋友对老师说:"老师,如果你要请家长,就请我妈妈,不要请我爸爸。"老师觉得很奇怪,就问孩子原因,这个小朋友说:"如果妈妈说我打我,我会乖乖的;但是如果爸爸再敢打我,我一定会去报警。"

同样是挨打挨训,在孩子的心中,他愿意接受妈妈的惩罚,但是不甘心接受爸爸的惩罚,原因就在于妈妈说他打他是循着道理,而爸爸说他打他是依着自己的脾气,自己心里不痛快了,看到孩子就批评批评，完全没有原则，所以孩子心里不服。家长如果发现自己错怪了孩子或者冤枉了孩子，一定要给孩子"平反"，否则会在孩子心中留下一个小疙瘩。

❋ 对孩子要提醒不要唠叨

妈妈要出门，把明明一个人留在家里，对孩子讲："孩子，妈妈要出去啊。你一个人在家要小心，遇到坏人不要开门，遇到收物业费的也不要开门，无论这个人说什么都不要开门；还有啊就是，饭妈妈都给你准备好了，你中午要吃饭的时候，从冰箱里拿出来放到微波炉里加热就好；另外下午要帮妈妈坐一壶开水，记住了吗？"

妈妈一口气交代这么多事情，孩子能记住吗？估计在这时已经是一头雾水了，如果妈妈这样讲，效果就会好很多：妈妈要出去了，交代你三件事：第一，中午吃饭，从冰箱里拿出来放到微波炉热下就行了；第二，下午帮妈妈坐一壶开水；第三，只要是不认识的人敲门，一律不准开门。这样讲就没有刚才那样啰唆，并且层次分明，孩子会牢牢记在心里。

也许是太爱孩子了，也许是对孩子的期望过高，很多家长对孩子的唠叨的确是太多了，自己却觉察不到。"有作业吗？作业是多还是少？你的作业写完了吗？不要看电视了，赶快写作业！

学习一定要用心,不能三心二意。不好好读书,你长大就什么都做不了!"这是很多家长的口头禅,甚至孩子在家里的一举一动都成了妈妈唠叨的对象,弄得孩子不知如何是好。家长的反复唠叨,会扰乱孩子的心情,使孩子黯然神伤,孩子忍无可忍,粗暴回应,甚至是耿耿于怀,对家长不理不睬。"真是好心没好报!"很多家长还会因此而愤愤不平。

没有人喜欢被控制,也没有人喜欢人家告诉他应该怎么做,特别是如果这个"吩咐"并不有趣。家长越逼迫,孩子就越抗拒,不管他年纪多大,但这并不仅仅是因为他不想做。持续不断的叨念只会加剧家长和孩子之间的摩擦,制造挑战。

育才方案:掌握克服唠叨的小办法

孩子在成长起来之后对很多问题都有自己的主见,做事情也懂得如何把握分寸,所以作为家长,应避免过分的唠叨,最好从以下几个方面来着手。

1. 别只盯着孩子的缺点

从心理学上分析,孩子是心理和行为的不成熟个体,家长必须对他们加以正确的指导和培养。但是,家庭教育中常见的问题是,父母对孩子寄予厚望,为了达到自己设定的目标,在孩子耳边不停地叮嘱、提醒。但这种做法往往收效甚微,甚至适得其反,使孩子产生厌烦情绪,还容易挫伤他们的自信心和自尊心。有些家长眼睛总是盯着孩子的缺点,翻来覆去地只讲缺点,不提进步。其实，绝大多数孩子已能分辨是非善恶，只是缺少改正缺点的自觉和毅力。如果父母总是喋喋不休地数落孩子的缺点，反反复复地教训孩子，"我讲话你就是不听""怎么说你才能改呢"，他们会将此视为不信任，甚至产生逆反心理。另外，唠叨的家长往往是缺乏自信、性格软弱的人，对自己讲出去的话、做的事不放心，才会一次次地重复。如果孩子一直生活在这种唠叨的环境里，每天面对软弱、紧张型性格的父母，长大后也很难形成良好的个性。所以，唠叨不但不能达到目的，还会给孩子带来伤害，家长应该了解怎么才能更有效地教育孩子。

2. 批评的话不宜多

首先，要耐心地加以指导。指导不同于唠叨：唠叨往往含有责怪、批评的味道，是一种反复的单调的刺激；而指导是亲切的、言简意赅的，它能启发孩子独立思考，帮助他们处理问题，使孩子情绪稳定、心情舒畅。聪明的父母从不去规定孩子应该做什么，不应该做什么，而是放手让孩子去做。如果没有做好，也会耐心地帮他分析原因，鼓励他不要灰心，尽力而为。学会尊重孩子也很关键。自尊心是影响孩子健康成长的重要心理因素，如果自尊受到伤害，他们会产生心理障碍，如自卑感和对抗心理等。因此，父母必须时刻注意保护并培养孩子的自尊心。在生活中，注意孩子的点滴进步，及时加以肯定和鼓励。对孩子的缺点和错误要宽容，要给孩子说话和申辩的机会。即使是批评，话也不宜多。有些父母"苦口婆心"，类似"我像你这么大的时候""你怎么就不能学学人家"之类的话一天要唠叨好几遍。绝大多数子女对这种说教式的谈话都采取"缄默不语,心不在焉"的对策,而且觉得自信和自尊受到了打击。

3. 注意和孩子的情感交流

唠叨,归根结底,是不懂交流的表现。和孩子交流时要充满爱心和亲切感,态度和蔼;时间最好选在吃饭时和睡觉前,因为这是孩子情绪最为平稳的时候。一个母亲,她从孩子很小时,就注意和孩子的情感交流。每天在孩子上床时都要问问他:今天过得开心吗?孩子长大后,就形成了在睡前和父母沟通的习惯,有什么不顺心的事也愿意告诉父母。有了这样的感情基础,孩子就容易接受父母的建议和忠告,也用不着父母再费力地唠叨了。

最后要提醒父母,对孩子讲话也要经过大脑过滤,要讲在点子上,不要信口开河。说出去的话、下达的命令要算数,不能出尔反尔。

❄ 与孩子积极沟通,不是下命令

一位 16 岁的高一男孩,很认真地与同班一位女孩相恋了,男孩的父亲与他进行了一次属于两个男人间的谈话。

父:儿子,你是不是觉得她是最好的女孩?

子:我觉得我认识的女孩里她最可爱。

父：爸爸相信你的眼光。但是，你才上高一，你认识的女孩有多少？

子：我心里只有她。

父：你说你要上大学，将来还要出国深造，想成为一名律师或金融家。你知道你将来会遇上多少好女孩吗？爸爸并不反对你现在谈女朋友，但是，爸爸最反感的是见异思迁。这个女孩是你到目前为止认识的最好的女孩，可是，你将来会有更多的机会，到那时你该怎么办？你会不会后悔？

子：可是，现在让我离开她，我很痛苦。

父：你初三时买的"随身听"呢？

子：前两天，您给我买了个高级的，我觉得音质比原来那个好，就把它送人了。

父：这就叫一山更比一山高。如果你能把握好每一个属于你的机会，你以后的成就只能比今天大，你面对的世界只会比今天更广阔，到时候你的选择只会比今天更好，更适合你。如果你现在与这个女孩真有那份情缘，到时候再让它开花结果多好。儿子，一个人一生不可能不做些让自己后悔的事，但是，人生大事只有几件，后悔了，就会遗憾终生。

子：爸爸，我懂了……

从此以后，男孩把对女孩的特殊感情像一粒种子般深埋心底，生命的乐章却弹奏得更欢快了。他明白，即使爱的种子发芽了，也还没有长成参天大树，更不可能结出甜美的果实。而在这之前，自己只能做一个默默耕耘的农夫，等待庄稼的成熟。

　　父亲面对男孩的早恋，不是用命令的口气让男孩放弃，而是选择理解男孩的需求，帮助他树立正确的爱情观和认识爱的真谛，并以平等的态度与他们交流自己对人生、爱情、学业的感情。

　　想让孩子做什么，还是不想让孩子做什么，做父母的完全可以和孩子像朋友一样共同商量，分析利弊，最后再由孩子自己来拿主意，相信当父母把道理帮孩子分析透彻之后，孩子都会愉快地做出父母期待的选择。

育才方案：建立积极的家庭沟通环境

　　在教育孩子的过程中不能一味使用命令的语气而忽视沟通，如何和孩子进行成功的沟通呢？

　　第一，成功的家庭沟通，应该注意以下因素：理解、关怀、接纳、依赖和尊重。理解要求父母与孩子都能够设身处地地为他人着想；关怀不但存在于内心，更要切实付诸行动；接纳要求考虑到每个人的个性，懂得欣赏人们身上的优点；依赖是要做到既信任别人也信任自己；而尊重是指尊重他人特别是孩子的权利，尊重他们的意见和选择。

　　第二，要建立一种积极健康的家庭沟通交流关系，应该改变父母是决策人，孩子是接受者这样僵化的家庭角色的分配。父母在家庭教育中应该懂得进行角色交换，每一个家庭成员都可以对他表述的愿望予以积极的辩解。当孩子能够参与讨论家里的通常是成年人的问题时，他们方才能够更好地理解父母，而父母一方面可以调动孩子的主动性，使自己清楚地认识孩子的才干，另一方面可以得到有关自己教育的反馈信息。

综上，父母与孩子通过沟通，最后让孩子明白的是"理解、信任、承诺、准时"等观念的重要。通过沟通，最容易让孩子站在他人的立场上思考，也最容易让孩子养成理解他人的习惯。只有这样，孩子才有可能成为一个全面发展的优秀人才。

❋ 尊重孩子的话语权

有一个小学生问妈妈："妈妈，你有秘密吗？"

"当然，每个人都会有自己的小秘密。"

"真的是这样啊，我也有自己的小秘密了。"小学生有点兴奋地告诉妈妈。

"你的秘密是什么呢？"母亲听她幼小的女儿这样说，感到有点意外。

"我不能告诉你。"

这位母亲有点担心，但是又不好直接问。平时观察孩子也没有什么异常的举动，这就让她对孩子的这个秘密更加好奇了。

"我们做个交换，你告诉我你的秘密，我再告诉你我的秘密，好吗？"

可是，小学生还是不说。

母亲为这事真是从心里着急，但是不能逼迫孩子，也不能偷看孩子的日记，想让孩子把她的小秘密说出来，真的是需要耐心地等待。后来，在这位母亲的多次试探下，孩子终于小心翼翼地说出了自己的秘密，原来有个同学告诉这个孩子他发现了一支神剑，但是这是个秘密，不可以对任何人说，否则肚子就有被划烂的危险。看来孩子真是顶着生命危险告诉妈妈这个秘密的。当妈妈知道了孩子的这个秘密之后，终于轻松地笑了，很心疼地把孩子搂在怀里。

很多父母也像上面故事里的那个妈妈一样，当发现孩子有秘密的时候就会很担心。出于对孩子的负责，很多家长因为不知道自己孩子心中在想什么而犯愁。孩子并不是说不信任父母，而是对父母没有足够的勇气来面对。小孩子天真烂漫，还没有认识到"秘密"的真正含义，而总有一天，他们长大之后，有了自己的心事，也一定会有自己的小秘密不愿意对父母讲。父母也不要大惊小怪，因为这是每一个孩子成长必经的过程。

尊重孩子的隐私，并非意味着放弃教育孩子的责任。须知心理断乳期的孩子，虽然自主、自尊意识增强了，但正确的世界观没有建立，爱独立而不知如何独立，求自由却不懂何为自由，心理意识交错复杂而充满矛盾，还不是一个理性的人。所以，对孩子的隐私要给予积极的引导。

育才方案：不要看孩子的日记

发现孩子心中藏有小秘密之后，相信很多父母都会有些不知所措甚至是担心和疑虑。如果用偷看孩子日记的方法来解决问题，一定会使孩子极为反感，甚至产生逆反的心理。因为，这个动作做出来之后，孩子的感受就是：父母并不相信我是个好孩子，父母也不尊重我，父母的行为不是光明正大的，他们不值得我尊重。

有些父母其实对此并不以为然：孩子的生命都是我给的，更何况是一本日记、一封信呢？并觉得自己这样做完全是出于对孩子的关心，是天经地义的。父母这样的想法，首先是不清楚孩子成长的过程，产生隐私是必然的，父母应该积极引导，帮助孩子树立正确的人生观，而不是把眼光盯在孩子的隐私方面；另外就是没有注意到孩子的独立意识，还把孩子看作是父母的附属，不能真正放手，并给孩子造成精神压力。

做孩子的朋友，以平等的态度与孩子多做交谈，谈自己少年时代的所思所想、成功和挫折、经验和教训，甚至是一些可以与孩子谈论的自己童年的隐私，以达到与孩子在情感上的沟通。要努力营造民主、宽松的家庭气氛，让孩子真切感受到父母的关切之情，把父母当作可信赖的朋友。

其次，还要培养孩子自律自勉能力。即使发现孩子有不良倾向和越轨的思想行为，也不必惊慌失措，应该与孩子一起谈理想、事业、道德、人生观、价值观、金钱观等问题，引导孩子自己悟出为人处世的真谛，提高孩子按规范要求调整自己行为的能力。

❋ 和睦的家庭让孩子更安心

一位曾在东南亚地区志愿教课的老师讲过这样一件亲身经历：

他是一个小学班级的班主任，班上的孩子都很听话，只有一个孩子不仅学习成绩不好，而且性格孤僻爱打人，同学都非常讨厌他。这位老师经常帮男孩指出缺点，但是这个孩子屡教不改，老师一看说教不管用，只好决定要去家访，向孩子的父母来反映这个问题。

等到老师们一起来到男孩的家里时，所有的人都严厉不起来了，并且对这个男孩充满了同情而不是先前的嫌弃。原来，男孩的爸爸喜欢赌钱，妈妈经常因此和爸爸吵架，有一次妈妈和爸爸吵得很激烈，一气之下就跑出了家再也没回来过。后来爸爸又娶了一个泰国女人当孩子的妈妈，这个泰国女人对男孩很不好，经常会找各种理由打他惩罚他。爸爸对此也是视而不见，久而久之，让一个原本快乐活泼的男孩变得仇视任何人。

由于这位老师对男孩格外地关心，男孩也把这位老师当作他最知心的朋友。有一次，小男孩对老师说："老师，我不想活下去，我想死。"这位老师懂得教育心理学，他知道一个人只有在看不到任何希望、充满绝望的时候才会想去死,何况是一个这样小的孩子,他的心中一定也是矛盾重重。他很冷静地帮男孩分析原因:"你为什么想去死呢?"小男孩告诉他:"老师,没有人喜欢我,爸爸妈妈不爱我,同学都讨厌我,都躲着我。"

这位老师马上想办法安抚住这个孩子,问他:"那你说,我会不喜欢你吗?"孩子听到这句话,瞪大了双眼看着老师,使劲地摇摇头。老师看到他的情绪稍稍稳定了下来,就跟他讲:"你已经找到了问题的原因,应该是去想办法解决,以后你不要再打同学了,大家就会喜欢你。"

"老师,我知道我不对,我很想改,但是我改不了。"孩子哭着对老师说到。

后来这位老师讲到,最让他感到痛心的就是孩子的这句话:"老师,我很想改,但是我改不了。"一旦坏习惯养成了,坏品质定格了,改起来会很困难,自己也会很痛苦。而造成孩子的这些性格缺陷的,不是外界,而正是家庭。

做父母有义务要尽量把孩子培养成为心地善良、感觉敏锐和能力强的人。家庭日常生活应该是和谐、欢乐的,充满爱心的,这是首要的条件。夫妻间的互相尊重与爱护是良好的家庭教育的基础。

我们常讲,家庭是社会的细胞,父母是孩子的第一任老师,如果家庭不和谐,父母经常吵架甚至于离异,孩子将很难走出心理的阴影,对孩子的伤害也将是终身无法挽回的,还会对社会造成不小的威胁。美国是世界上离婚率最高的国家之一,同样美国的青少年道德教育问题也让当地政府伤透了脑筋。在美国曾经对中学生有过这样一项调查，结果显示：有71%的学生曾经作弊，68%的学生曾经打过架，35%的学生曾经在商场偷过东西，但在测试的最后，有91%的学生认为自己的行为很高尚。政府一再提高对教育的拨款数额，然而却丝毫不见好转。

父母之间的恩爱、和睦的家庭氛围能够为孩子的身心成长注入生机与活力，增加孩子对生活的信心与勇气。如果孩子在一个紧张压抑的家庭氛围中成长，会逐渐变得忧心忡忡、缺乏热情、性格内向，严重的还会形成心理障碍。而在良好的家庭氛围的影响下，你的孩子一定可以健康、茁壮地成长。

育才方案：陪孩子一起参与他喜欢的活动

一位母亲在给儿子的信中写道："你是一个铁杆球迷，为了看球，甚至可以不吃饭、不睡觉。说实话，我原本无法理解，对我来说，足球只是一堆人争夺一个球的无聊游戏。你常常深更半夜悄悄起来看英超、意甲转播，虽然为了不吵醒我们，你总是把音量放到最低，但是，你那压抑的激动声响，和偶尔克制不住而发出的大声喝彩，还是会惊醒我，那时，总免不了对你的一顿教训。可有一天，一个念头突然冒出来：能够让你如此如痴如醉的足球到底为何吸引你呢？我怎样才能够体会你在看足球时的快乐呢？有机会一定要尝试一下。"

对此，儿子在自己的日记中也有所记载："奇迹果然出现了！

不但是塞内加尔的奇迹,也是我妈妈的奇迹——她竟然从此迷上了足球,每天抢着看报纸,准时看球赛,关心贝克汉姆,询问罗纳尔多。当我们同时情不自禁地站起来,面红耳赤地给球队加油的时候,我感到我们的心灵第一次如此相通。我心里只想说:'能跟妈妈分享我的快乐,我真高兴!'"

作为父母一定要知道,与孩子共同参与活动,对于亲子关系非常重要。那么,你能否与孩子换位思考,走进孩子的精神世界呢?

孩子们通常有自己的社会活动,比如学校组织的风筝大赛、校际篮球比赛、打乒乓球等。一些家长可能会认为,"这只是毛孩子的游戏,关我什么事儿呀!"其实这种想法是完全错误的。教育学家建议父母们,要积极参与孩子的这类活动,因为你的参与就是对他们的肯定。

腾出时间陪孩子一起做孩子所热衷的事情,是无比重要的。如果你希望孩子养成持之以恒的品质,掌握其他与工作、生活相关的技能,你就要在参与孩子活动的过程中,用你自己的兴趣、可依赖性及独特的指导,为孩子树立榜样,只有这样才是明智的。

✽ 家长要大方接受孩子的爱

"树欲静而风不止,子欲养而亲不待。"这是千古以来孝子最大的遗憾。有双亲能奉养可以说是最大的快乐。

一个懂得孝顺父母的人，也就明白了做人的分寸，走到社会中就能够懂得尊敬长辈，在工作中也会有更强的责任心。所以孔子曾说："君子务本，本立而道生，孝悌也者，其为人之本欤？"相信普天之下的父母都希望自己的孩子将来能够是个孝顺父母的人，所以我们现在一定要小心地爱护孩子的小小心意。

有位爸爸曾经这样跟人讲："我的孩子有时会给我带一点小玩意，我心里想，小孩子净瞎糟蹋钱，买的是什么烂东西啊。可是同着孩子我还会装作很高兴，就是不想伤害孩子一颗懂得孝敬父母的心。"

相反有的父母就不懂得爱护孩子的孝心。一个孩子有一天起来向爸爸妈妈问好："爸爸妈妈早上好，昨天睡得好吗？"妈妈很奇怪自己的孩子怎么一下变得这样有礼貌，不禁摸摸他的头："你今天有不舒服吗？发烧了吗？"

当孩子做出举动要表达对父母的关切或感恩，做父母的一定要配合孩子，并且要夸奖和鼓励孩子。如果觉得孩子向父母问好或送礼物这样的举动是客套没有必要，那将会损害孩子一颗爱父母的心。其实孩子在这些举动中能体会到父母的不容易，对他们自身的成长也是有利的。有一个小学生，在她生日的那天特别想表示一下对父母的感谢，于是她就决定自己做饭给父母吃。由于个子长得比较矮，她搬了一个小凳子放在灶台前，自己站上去炒菜。放油的时候由于烟尘很大，她就想方法，把爸爸骑摩托车用的头盔戴在头上，终于很坎坷地做好了一顿饭。后来，小女孩还得到了一个意外收获,她明白了原来做饭是这样辛苦的事情,很体谅父母,从此之后再也不挑食了。如果父母不给孩子这样的机会,那这个小学生就不会有这样的感悟了。

很多家长不愿意让孩子做一些家务事,原因在于怕孩子做不好给大人添麻烦。其实,当孩子做不好的时候,正是一个教育的好时机。家长可以告诉孩子怎样来做好,进而增长他的做事能力。

当然,如果孩子没有意识到要孝顺父母或者要帮父母做些什么,那我们作为父母的千万不可以要求孩子去做,那会起到反作用。最好的方法,是我们父母先来做表率,孝敬我们的长辈,那样小孩很快就会学会了。

育才方案:给孩子读一读中国经典的德育书

中国古代有很多经典的德育故事,经常让孩子读这样的故事,不仅开阔他的眼界和思路,同时让他了解很多古人感人的事迹,比父母干枯的说教不知道要好多少倍。

还可以让孩子多读中国的古文经典。古典文学的熏陶不仅会让人的思想更有深度,并且会时时感受到美的意境。

有一位书画鉴定家在给学生们上课,很偶然地在课堂上从口袋里摸出一本"口袋书",原来是袖珍版的《幼学琼林》,这位书画鉴定家就很风趣地对同学说:"我每天在空闲时间会拿出这本书来读一读,里面介绍的内容能开阔人的眼界。这本书是中国古代四五岁小朋友才读的,看来我还没有启蒙了。"

有一个小朋友在读过《弟子规》之后,明白了"身有伤,贻亲忧,德有伤,贻亲羞"这样的道理。有一次这位小朋友感冒了,他就在日记中写道:"今天我感冒了,我心里很难过,我不是因为生病难受而难过,而是因为生病是不孝,生病说明没有爱护好自己的身体,还让父母担心。"小孩子如此幼稚的语言却打动了自己的父母和老师。这个小朋友有这样的观念,说明他懂得自爱,懂得自重,也同样会在行为举止上来约束自己。

作为父母,有义务把最好的最精华的东西呈给自己的孩子,让他们来吸取,来学习。

第三章 把握分寸,奖励和惩罚都有度

❋ 接受鼓励是孩子成长的重要内容

　　心理学家告诉我们：父母若以正面的信念期望孩子能成为什么，将来孩子就会成为什么。父母对孩子的期待与评价经常会在言语及日常生活中有意无意地显现出来。积极正面的期待会使孩子感受到爱与支持，从而充满自信，生气蓬勃；相反的，负面的、消极的评价会使孩子失去信心与发展机会。

　　暗示会产生非同一般的明显效果，有人曾经做过一个实验：由两位水平相当的教师分别给两组学生教授相同的内容。所不同的是，其中一位教师被告知："你很幸运，你的学生天资聪颖。然而，值得提醒的是，正因为如此，他们才试图捉弄你。他们中有的人很懒，并将要求你少布置作业。别听他们的话，只要你给他们布置作业，他们就能完成。你也不必担心题目太难。如果你帮助他们树立信心，同时倾注真诚的爱，他们将可能解决最棘手的问题。"

　　另一位教师则被告知："你的学生智力一般，他们既不太聪明也不太笨，他们具有一般的智商和能力，所以我们期待着一般的结果。"

在该学年年底，实验结果表明，"聪明"组学生比"一般"组学生在学习成绩上整整领先了一年。

其实，在被试者中根本没有所谓"聪明"的学生，两组被试者全都是一般学生，唯一的区别就在于教师对学生的认知不同，导致了对他们的期望心理也不同，从而以不同的方式对待他们。其中一位教师把这些一般学生看作是天才儿童，因而就把他们作为天才儿童来施教，并期望他们像天才儿童一样出色地完成作业。正是这种特殊的对待方式，使得一般学生有了突出的进步。法国有句谚语说：自以为是鼠辈的人定被他人轻视、欺侮。这从一个侧面反映了"心理暗示"给人带来的影响。经常性地给孩子一些积极而正面的"心理暗示"，孩子一旦沐浴在自信的光晕之中，将产生无比巨大的推动力，一步步向更高的人生台阶迈进。

育才方案：让孩子懂得"自我接纳"

"自我接纳心理"是指人对自身以及自身的一些特征所持的一种积极的态度，即能欣然接受现实中的自己，无论自己是完美无瑕还是有一定缺陷，都去接纳自己，喜欢自己。

自我接纳是孩子心理健康成长的前提。小孩子最初的评价源自于父母、老师以及其他长辈对他的评价。如果这些人对他的评价是肯定的，如："真漂亮！""是个好孩子！""好聪明！"那么孩子的自我接纳就是正面的，他会肯定自己，不断自我完善，并最终具备自信；相反地，一些人无意中指责孩子，说："你很笨！""不可爱！"对孩子人格进行贬低，孩子就会接受这些负面信息，认为自己真的不如别人，他对自己的认识逐渐发生一些偏差。例如：一个不懂得教育的老师整天指责一个淘气的孩子，说他得了"多动症"，一个不懂得爱的家长总是反复对着孩子强调孩子的笨拙，这些负面的评价使弱小的孩子对自己产生了怀疑，他对自己感到不满、失望，甚至否认和拒绝。

如果您的孩子很自信，日常心态积极上进，那么证明您的孩子能够接纳自己。如果您的孩子总是抑郁寡欢、自卑、讨厌自己，那么很可能这段时间孩子不能够很好地接纳自己。您最好先反省自己和他人对孩子的教育，然后屏蔽那些消极的评价。您要告诉孩子客观地对待外界的评价，外来评价是好的、正确的，就可以接纳它；如果不是很正确，是偏颇的，就要勇敢拒绝它。不论自己有什么优点和弱点，最好的选择就是无条件接受。

❀ 欣赏孩子的每一次进步

称赞就像是饲料，会给孩子以极大的鼓舞。而父母的表扬与其他人相比产生的作用会更大。心理学家经过实验发现，孩子总是在无意识中按大人的评价强调自己的行为，以得到父母的表扬和认可。

有一位母亲在擦桌子的时候，她一岁多的小孩子蹭过来，学着妈妈的样子,手里拿着一块布,在桌子上抹来抹去。其实,这么小的孩子,完全没有做家事的概念,他只是单纯地模仿而已。这位母亲则抓住了这样一个夸奖孩子的机会:"小伟真懂事,这么小就想帮妈妈擦桌子,将来一定是个优秀的孩子。"孩子听到妈妈这样讲,马上来了精神,在桌子上抹得更带劲了。妈妈擦完桌子之后,告诉孩子:"以后擦桌子的时候要注意,这些边边角角也要很干净,那就更好了。"孩子很满意地点点头。

还有一个小朋友第一次帮妈妈刷碗,基本上都没有刷干净,但是妈妈没有责怪这个小朋友,她努力地找了半天,终于找到一个刷得还算干净的碗,对孩子说:"哇,你看这只碗刷得真干净,我第一次刷碗的时候都没有你刷得这样干净。"孩子的内心就很受鼓励,以后就经常来帮妈妈刷碗,把每只碗都刷得很干净。

我们都有这样的常识:人都喜欢听好话,对于小孩来将就更需要鼓励了。因此在日常的教育中,家长应该对孩子多一些表扬,少一些批评。对孩子的一些想法和行为,不能按照成人的标准来判定,应该发自内心地赞美孩子:你真棒,我小的时候没有你这样有创意。孩子的进步就会越来越快,也会把父母当作自己生活中的良师益友。如果父母只是一味地指责,甚至是狠狠地训斥,那孩子的自尊心还有无限的潜能,就会被父母的训斥声所淹没。

鼓励是自信的酵母,夸奖是自信的前提。让孩子变得更加优秀,最有效的方法就是及时地夸奖和鼓励。夸奖使孩子坚定了自己的信心，从而更加努力地为成功找方法。

育才方案：多对孩子进行有效的夸奖

可能会有家长有这样的疑问：如果一味地夸奖孩子，如果把孩子教得很骄傲怎么办？如果今后听不了批评的语言怎么办？将来的孩子不听话很难教怎么办？

这种顾虑很正常，而且这种现象也的确会有。夸奖孩子其实是有要领可循的，有些方面一定要夸，而有的方面一定不能夸。

有个小女孩长得很漂亮，所有的人都会惊讶于她的美貌，看到她都会赞不绝口地夸奖："你真是太漂亮了！"这种话听得多了，小女孩便以此为骄傲，慢慢地添了很多坏习惯，整天不停地照镜子，头发每天都是一洗三梳。后来父母意识到了这一点，就提醒孩子要把心思放在学习上，但是已经无济于事。

还有一个小女孩，从小表现得非常聪明，可以背很多的单词。有一天家里来了客人，奶奶对小女孩说："我们念英文给叔叔阿姨听好不好？"接下来，奶奶就问小女孩苹果怎么说，小女孩说"Apple"，又问雨伞怎么说，小女孩都是对答如流，这样一直问了很多。小女孩突然对奶奶说："奶奶，你知道大象怎么说吗？"奶奶愣了一下，说："我怎么可能会知道。"没想到，小女孩同着众人的面对奶奶说："奶奶，你怎么这么白痴啊。"

上面两个例子中提到的小孩，她们就是听众人的夸奖太多了，以至于忘乎所以，不仅自视甚高，甚至看不起长辈，这就有悖我们夸奖的初衷了。我们夸奖孩子，为的是让他能更加健康地成长，所以夸奖应该是侧重于孩子的好习惯、好态度、好品格，比如一个孩子天天坚持写日记，得到夸奖之后，会坚持得更好；一个孩子很懂得让着自己的小弟弟，得到夸奖之后就会变得更加懂事。而对于孩子的天分、长相这些内容，夸奖的意义就不大了，更不可以一次次地灌输给孩子这样的观念，这样对孩子无疑是有害的。

过多过分的夸奖，会带给孩子不必要的困扰。夸奖具有启发性和鼓励作用，但夸奖过多，会带给孩子压力，形成焦虑。所以夸奖要适可而止，而应用欣赏、交谈、聆听等方式代替过多的夸奖。

❀奖励孩子不要只用物质

在目前的家庭教育中，利用物质刺激，忽视精神奖励的情况已经不稀奇了。每当孩子考试得了高分，或考取了重点中学，家长就不惜大花一笔作为奖励。有位家长给孩子买来电脑作为奖励，孩子如愿以偿了，以后的学习就放松了，甚至后来孩子只是玩电脑、玩游戏、上网，作业都不做，成绩很快就下降了。直到此时家长才意识到：用买电脑来刺激孩子学习的方法欠妥。

实际上，这种滥用物质奖励来"激励"孩子学习的方法，很难收到效果，有时还会适得其反。奖励孩子的原则应是精神奖励重于物质奖励,否则易造成"为钱而怎么做""为父母而怎么做"的心态。

亲子关系不是商业交易,这种教育孩子用金钱换取亲子间互助与关怀的方法,最终会导致孩子们想要零花钱时就要求"爸爸,我给你捶捶肩吧"的这种强卖行为,尤其对于家务,切忌用金钱承包的做法。

有些父母强调物质奖励:今天孩子画了一张画,奖励一只玩具狗;明天背了几个英语单词,奖励一件漂亮衣服;后天孩子在幼儿园得了一朵小红花,奖励一包薯片……家长用物质来引导孩子得到他们期望的结果,这样会使孩子产生钱是万能的,很可能因此而产生对物质或对金钱的崇拜。所以家长经常用物质的东西来奖励孩子,最终只能危害子女。理性的家长会善于使用金钱为孩子的健康成长提供基本条件,而不是让孩子在挥霍金钱中消磨意志,自毁前程。

育才方案:不要在孩子面前露富

有一对夫妻家里非常有钱,他们也很舍得给孩子最好的物质条件,这个孩子从小花钱阔绰,长大之后由于习惯了衣来伸手的生活,也就不想出去找工作,心安理得地在家里靠父母来养活自己。孩子的父亲发现了问题的严重性,就把孩子送到部队中,希望能够让他多吃点苦。去部队两年回来之后,孩子依旧和从前一样。父亲非常生气,就决定断绝他的经济来源。这个孩子因此对父亲心怀不满，就雇来杀手杀掉了父亲，后来又雇来一个杀手要杀掉母亲，因为放钱的钥匙在母亲手里。他把杀手找来的时候，就告诉杀手：待会有一个人会从这个过道过来，穿什么样的衣服，交代得清清楚楚。这个杀手很吃惊，问他要杀什么人，怎么对她这样熟悉。这个孩子说，是他的母亲。

父母失误的地方就在于家里太有钱了，而又不懂得教育孩子，使这个孩子拿钱不当钱来看，可以想象得到一定也不懂得爱惜物品，暴殄天物，自然不会有一颗仁爱之心。当一个孩子心中充满了欲望的时候，就会变得无父无母，这个物质的诱惑就像深渊，一踏下去见不到底。所以，给孩子树立正确的金钱观，不要在孩子面前摆阔，也不要对孩子说"爸爸有的是钱，你想要什么家里都有"这样猖狂的话。

❋ 训斥应该避开众人，在私下里进行

心理学中有一种"标签效应"。当一个人被某一种名词形容之后，也就是被贴上了标签，他就会做出自我印象管理，使自己的行为越来越趋近于所贴的标签。这种结果是由于贴上标签之后引起的，所以被称作"标签效应"。

心理学家认为之所以会出现"标签效应"，主要是因为"标签"具有定性导向的作用，对一个人的"自我认同"都有着强烈

的影响作用,给人"贴标签"的结果,往往是使这个人向着"标签"的方向发展下去。

这一心理现象在教育上有着非常重要的意义。如果一个孩子经常受到众人的否定,那他将会对自己的能力产生怀疑,进而对自己失去信心。

也许有的家长会说:这样说他,是让他心里有数,否则糊里糊涂的,更不知道上进了。但是如果家长一不小心给孩子贴上了不好的标签,也就给孩子的内心造成了不好的暗示,那就会使孩子的不良心理和行为得到强化,最终不利于他们的成长。

巧用"标签效应",可以事半功倍,在给孩子贴标签的时候应该注意以下几个方面:

1. 不要轻易给孩子做出坏的结论。切忌动不动就给孩子分成"好孩子"或"坏孩子",这样会使孩子不自觉地趋于划定的类别。

2. 少指责批评,多肯定表扬。儿童听了鼓励的言语,会精神焕发;受了惩罚或听了贬斥的评语,则会垂头丧气。对儿童的行为,要从多方面来观察,不能简单地训斥,多挖掘他们的长处和潜能给予鼓励,促使他们向更好的方向发展。

3. 不能虚夸、过分地表扬。孩子在有好的表现的时候,应该给予及时的鼓励和表扬,但是表扬应该实事求是,不能不着边际。常受到称赞的孩子,一旦发现别人对他的夸奖并非属实,就会感到很沮丧,不再信任家长,也不再信任自己的优点。

育才方案：不要在气头上说话

家长一次又一次在气头上说的话，自己是过瘾了，可是孩子认识世界的渠道发生了倾斜。在成长初期，孩子往往通过家长这个窗口来认识世界，来完成和巩固对自己的判断。家长的当众评价无形中对孩子认识世界造成了一定的错误指向，孩子会认为这个世界苛求完美，不会保护个体的尊严。

在家庭教育中，教育者的心态和教育的出发点直接影响着教育结果，所以不要因为他是你的孩子，就蛮横地在众人面前让他的缺点一览无余。或者因为无法掩饰你愤怒的情绪，就无辜地伤害孩子。孩子的自尊心有时是透明的玻璃物，碎了就很难黏和起来，伤害也许是永远的。

当正准备批评孩子的时候，多给自己3秒钟的时间，自己走到另一个房间去，静坐15分钟。你就会发现自己已经平静多了。想一想刚才几乎要脱口而出的话，你将感到庆幸：幸好我没有说那么伤害人的话啊。

❖ 找到疼爱与规训之间的平衡

现在，很多父母"先孩子之忧而忧，后孩子之乐而乐"，他们节衣缩食，看着孩子吃好的穿好的玩得痛快，比自己享受还要陶醉。可是他们没有意识到，他们在为孩子无条件付出的同时，也使孩子养成了自私、任性、骄横、懒惰、狭隘、霸道，缺乏责任心、缺乏爱心和同情心、不关心他人等不良品行。

父母"有了孩子，没了自己"，到头来换来的却是孩子心中"只有自己，没有父母"。抚养出这样的孩子，做父母的难道不痛心吗？然而这又是父母、家人自身的过错造成的恶果。

一项调查表明，当今的中小学生明显表现为自私和责任心差，他们以自我为中心，而对父母缺乏应有的关心。调查发现，有27%的中小学生不知道父母的爱好。调查中还发现，有100%的中小学生只知道自己的生日，而有33%的中小学生不知道父母的生日，他们关心自我、重视自我的程度早已超出了他们应尽的责任和义务。他们把父母为自己的付出看作是天经地义、理所当然的事情，而体会不到父母养育他们的艰辛。

孩子的自私在家庭里也许不容易看到，但来到一个集体里，就非常分明。自私的孩子总怕自己吃亏，也绝不让自己吃亏。劳动时总是拣轻的活干，把脏活、重活给别人；发新书时，把好书留给自己，把破书留给别人；出去坐车时，他总跑在最前头抢占最好的座位，不管老师在那里站着，体弱多病的同学在那里站着。关心他人的孩子却恰恰相反，他首先想到的不是自己，而是别人。他不怕吃亏，乐于助人。久而久之，就会养成无私奉献的善良品性。自然也会得到同学及伙伴的敬重和喜爱。这对孩子今后的品格塑造以及人生发展具有十分重要的影响。

育才方案：孩子第一次犯错误的时候，就是立规矩的时候

教育上有一个很重要的理念就是"先入为主"。想让孩子树立什么样的观念，想让孩子养成什么样的习惯，从一开始就应该树立好，如果在孩子犯错的开始没有抓住教育的机会点，到后来发现再想帮孩子改正过来，可能就要有一点点困难。

有一个妈妈带着年幼的孩子到商场买东西，这时孩子看到一个很好玩的电动汽车，缠着妈妈要买给他，妈妈觉得价钱太贵了，不打算买，于是小朋友就赖在地上不起来，又哭又闹的，引起了很多人的围观。妈妈觉得面子上很难堪，于是就很勉强给孩子把他想要的玩具汽车买回家。后来只要孩子见到想要的东西，就会坐到地上撒野，每次妈妈都对他无可奈何，但是没有任何办法。

千万不要小看这些小孩子，其实他们很会"察言观色"。当他们发现在众人面前大哭大闹很有效果，以后就会频繁使用这样的方法，弄得家长就会很被动。其实，当孩子第一次哭闹的时候，家长就应该坚定自己的立场，才能真正避免以后孩子这种"死打烂缠"式的攻击。

"慎于始"是很重要的教育观念，在孩子第一次犯错误的时候，就是我们家长要教他的时候。当孩子第一次撒娇的时候、当孩子第一次挑食的时候、当孩子第一次逃学的时候，在教育孩子的过程中家长也会经历很多的"第一次"，只要把这些很关键的

第一次抓好，就能帮孩子杜绝很多不好的习惯，今后的教育就会越来越轻松。

❀ 点到为止，给孩子留足面子

当孩子犯了错误，做父母的如果能心平气和地启发孩子，并不是直接批评他的过失，孩子不仅能很快明白家长的用意，愿意接受家长的批评和教育，而且最重要的是这样保护了孩子的自尊心。

声色俱厉地批评孩子只会让他们对父母有抵触的情绪，见到父母就像老鼠看到了猫一样，又怎么能达到教育的效果？我们父母不妨换一个表情，比如我们可以用凝重、严肃的表情来表示我们对孩子所犯错误的态度。"低沉而有力"的声音，会格外引起孩子的注意，也容易使孩子注意父母所说的话，这种低声的"冷处理"，往往比大声训斥的效果要好得多。

孩子做了错事，实际上是担心父母责备的。父母严厉的批评会使孩子的心理有一种"如释重负"的感觉，相反，如果父母能保持沉默，孩子的心理反而会紧张，更容易产生一种愧疚感，进而反省自己的错误。

育才方案：尽量避免鞭打和斥责的教育方式

孩子难免有错，有的父母生气了，就毫无顾忌地教训孩子，或打或骂。这种教育方式是不能培养优秀的人才的，只能造就出懦夫和蠢材。有时孩子犯的错误有点出圈，实在让父母无法接受，但是即便如此，也一定要注意采用有效的方式方法，而不是以打骂来解决问题。

骂孩子，可能更是有些家庭的家常便饭。

做作业的时间到了，孩子可能还在看电视，家长忍不住要生气地大吼："这都几点了还在看电视，难怪学习这么差。赶快回屋。"孩子的考试成绩下来了，和上次相比没有什么进步，家长忍不住想修理孩子一番："为什么这次考试没有进步？你就是不好好学习！"

对于孩子来说，他们的心智也许还很不成熟，自我约束的能力极差，自我纠错的能力也差。有些家长望子成龙心切，对孩子的要求过于苛刻，只要孩子犯错误了，家长就会频繁地批评。但不管家长是苦口婆心地骂，还是言辞激烈地骂，还是语重心长地骂，这种带有批评成分的教育效果都不十分理想。

如果孩子实在有必要好好教训一下，可以采用一种"三明治"方法来委婉地批评孩子，比较容易让孩子接受。所谓的"三明治"就是把批评的内容夹在表扬之间，从而使批评者愉快地接受批评。第一层是认同、赏识、肯定对方的优点或积极面；中间这一层夹着建议、批评或不同观点；第三层是鼓励、希望、信任、支持和帮助。使用这种批评方法，不仅不会挫伤受批评者的自尊心和积极性，而且还会使孩子积极地接受批评，并改正自己的不足。

❉ 隔代没有隔阂，必须坦诚相待

天下的父母没有不疼爱孩子的，作为家里的爷爷奶奶来说，恐怕都疼爱得不知道再怎么疼爱了。这时父母要留神了，孩子要是长时间这样被老人宠着，就是一件比较危险的事情。

有一位老爷爷特别疼爱家里的大孙子，在一家人聚餐的时候，在饭桌上说："这是咱们家的长孙，是咱家里的命根子。你们谁要是骂他就是骂我，打他就是打我。"饭桌上，大家都顺着老人的意思，频繁地给孩子加菜。

有一位老奶奶很疼爱自己的孙子，有一次孙子打了奶奶一下，这位老人不但不生气，反而高兴地对旁人说："看，孙子打了我一下。"后来这个小家伙长大之后非常蛮横，对疼爱他的奶奶也并没有多好。当孙子口渴了的时候，大声喊道："奶奶，给我倒杯水。"老人感到很欣慰，因为在这个时候，孙子终于想到她了。

这种情况在家庭当中比较常见，虽然是人之常情，但是长期让孩子在这样的环境中成长，结果就会恃宠而骄，进而忘乎所以，这样的孩子不会懂得恭敬长辈，也不可能把父母长辈的教诲放在心上。隔代教养的危害主要有以下几个方面。

第一，过分的溺爱和放纵容易使幼儿过于"以自我为中心"，形成自私、任性的不良性格。老年人往往是没有原则地疼爱孩子，即便是孩子提出的不合理要求也会没有原则地满足。在这种环境下长成的孩子从小不能控制自己的行为，如果自己的愿望得不到满足就会产生情绪波动或是攻击性行为,并很难融入集体。

第二,过分地保护阻碍了孩子的独立能力和自信心的发展,使孩子有极强的依赖性。我国著名的教育专家陈鹤琴曾经说过:凡是孩子自己能做的事,让他自己去做。而不少老人很乐于包办一切孩子的事情,为孩子扫清一切的障碍,这样做的后果只能导致孩子无法形成独立意识,将来禁不住大的风浪。

第三,隔代对孩子的疼爱无法取代孩子对父母的感情需要。从孩子成长的心理发展过程来看,儿童最需要的是父母的亲情关怀,这种情感的需要是祖辈们无法满足他们的。老人只能满足孩子的生存需要和安全需要,而情感归属必须要通过父母才能得到满足。

第四,隔代教育缺乏教育意识和得当的教育方法。父母在幼儿与他人的交往中往往总是引导孩子如何与小孩子做游戏,教会孩子如何与同伴更好地合作,用正确的方法来解决问题。而老人往往只会从自己孩子的"利益"出发,只要保证自己的孩子不吃亏就行。这就很容易使孩子滋长骄傲、霸道的不良习惯。

有眼光的父母,最好自己亲自教育孩子,如果现在怕麻烦,恐怕将来会更麻烦。

育才方案:最好自己带孩子

有这样一个家庭,由于爸爸妈妈两人都有各自的事业要忙,顾不上教育孩子,于是在孩子出生的时候就请一个保姆来看孩子。这个保姆与孩子的感情非常好,一直看到这个孩子四岁。后来保姆与父母由于薪水问题发生了争执,就离开了。而这个孩子和保姆的感情很深,一下适应不过来,整天哇哇大哭,新保姆换了一个又一个,都无法令孩子满意。后来孩子长大之后,就养成了这样的习惯,从不对保姆说话,对爸爸妈妈也没有共同语言。这种行为和意识影响到他的人生观,后来到了学校之后和同学也不能很好地交流,自己一个人很自闭。

与孩子的亲子交流是家庭教育中不能缺失的一环,尤其是孩子年龄还小的时候,对大人的依赖性最强,是加强亲子关系的关键时期。如果实在是没有时间来自己亲自带孩子,也一定要保证和孩子有足够的玩耍时间。

在日本,常常会听到"亲子"这个词汇。"亲子"在日语中是父母与孩子的意思。无论是在幼儿园还是社区,以"亲子"为中心的各种活动很常见。特别是运动会,一般的学校或幼儿园,都会让父母和孩子一起参加的项目。而父母也会积极地配合参加,他们普遍认为,这样既可以提高孩子参加体育运动的兴趣,也可以增进父母与孩子之间的感情交流。

在平时的家庭生活中,父母乐于将自己的关爱传递给孩子,日语中有很多问候的常用语,"我走啦""请走好""我就不客气啦""拜托了"这样的话,在父母与孩子之间经常出现,而且一点都不见外。随着教育方式的不断优化,日本人越来越愿意学习新潮的、合理的方式来教育子女,保护孩子的天性、激发他们的创新思维以及培养心灵健康的青少年成为目前日本教育由理论走向实践的关键任务。

❈ 不能迁就孩子的无理要求

在生活当中，很多孩子都会出现无理取闹，乱发脾气的情况，让很多家长感到既生气又无法让孩子收敛，实在是很为难。这样的孩子，一般来讲是缺乏自制力的表现，对孩子不讲理的行为不能姑息纵容，因为自制力是情商的重要因素，对孩子将来的发展也至关重要。

"现在的孩子越来越难管了！"一些年轻的父母抱怨说，"稍不如意，牛脾气就上来了。打也不听、骂也不灵，哄他吧，他还更来劲！"生活中，确实有不少这样的孩子。那么对于孩子的"牛脾气"家长应该怎样处理呢？ 心理学家认为，孩子爱发脾气是由于家庭教育不当引起的。特别是独生子女，如果从小就事事以他为中心，吃不得一点苦，要什么给什么，那么孩子就会养成遇事爱发脾气的习惯。

丁丁晚上回到家："饿啦，饿啦，妈妈做什么晚饭呢？"看到妈妈炒好的菜还有端上桌的米饭，丁丁不禁嘟哝着："我想吃面了。"妈妈说道："都已经做熟了，我们今天就吃这个好不好？"丁丁的抱怨声开始连续不断："我想吃面啊。"

开饭了，丁丁却一点都不想吃东西，最后真的就没有吃饭，很不情愿地离开了饭桌。

大约晚上九点钟了，丁丁感觉到饿得不行。妈妈看到之后，就把晚上吃剩下的饭热了一下端给丁丁："你试着吃一点，真的味道很好的。"由于太饿了，丁丁最后还是把这些饭都吃了下去。

这位妈妈用很柔和的方式，没有和孩子做正面的冲突，但还是使孩子屈服了，最后吃下自己原本不想吃的东西。如果这位妈妈看到孩子不吃饭就心疼了，就给孩子下小灶去了，那无疑就是在助长孩子的脾气。要让孩子心平气和地生活，改掉喜怒无常的坏情绪，最有效的办法是采取置之不理的方法，进行"冷处理"，让其自动消失。

孩子发脾气就向他屈服是最不可取的教育态度和教子方法。当孩子乱发脾气时，父母要保持冷静，对孩子的不合理要求绝不迁就，始终要让孩子明白，无论他怎么发脾气，父母都不会"俯首称臣"，他始终都达不到自己的目的。当孩子已经"雷霆万钧"时，不妨运用冷淡计，父母及其亲人都不去理会他。事后，再当着孩子的面，分析一下他发脾气的原因，细心地引导、教育孩子，相信孩子会从一次错误的行为中吸取教训。

每个人都不希望自己的孩子是一个随意发脾气的孩子，可事实上发脾气是孩子成长过程中的必经之路，如果家长引导得不好，孩子就会养成乱发脾气的习惯，变成一个暴躁的孩子；引导得好的话，孩子的脾气就会成为每一次教育孩子成长的契机。

育才方案：不要甘之如饴地为孩子做一切

被溺爱的孩子很难遵守规矩，也不懂得自我约束，在他们看来，规矩就是为别人准备的。由于凡事都有家长包办，孩子往往有太多优越感，做事情眼高手低，也不善于与人相处。当别人帮助了自己的时候，在溺爱中长大的小皇帝们也不懂得感恩，反而觉得是理所当然；当他们看到别人比自己优秀的时候，不仅不会向别人学习、替别人高兴，还会产生沮丧、嫉妒的消极情绪。

在一家家庭咨询处的会客厅里，一位母亲面对专家显得忧心忡忡。

专家问："孩子第一次系鞋带的时候打了个死结，你是不是不再给他买有鞋带的鞋子？孩子第一次洗碗的时候，弄湿了衣服，你是不是不再让他走近洗碗池？孩子第一次整理自己的床铺，整整用了一小时，你嫌他笨手笨脚，对吗？孩子大学毕业去找工作，你又动用了自己的关系和权力？"

所有这些的答案都是"是的"，这位母亲惊愕了，从椅上站起来，凑近了专家说："你怎么知道的？"

专家说："从那根鞋带知道的。"大人问："以后我该怎么办？"专家说："当他生病的时候，你最好带他去医院；他要结婚的时候，你最好给他准备好房子；他没有钱时，你最好给他送钱去。这是你今后最好的选择，别的，我也无能为力。"

父母们溺爱孩子，都是为了让他生活得幸福，但是孩子能在父母的照顾下成长多久呢，总有一天他需要与别人一起应聘，一起工作，一起生活，到那时他的困难谁来解决？如果家长没有为孩子的将来做任何打算，就会让孩子错失很多学习成长的机会。

父母用自己的爱，给孩子埋下的却是一个温柔的陷阱，当孩子长大之后要独立面对这个社会了，却发现自己无法适应的时候，遇到困难不知如何解决的时候，到时父母即便有三头六臂，也会焦头烂额了。

❀ 疼孩子也要赏罚有度

古人讲"居则致其敬"，就是说孩子对待父母的态度应该是恭敬的，从小应该让孩子有尊敬父母的意识。父母在教育孩子的时候，应该有自己的立场，在孩子做错了事的时候给他及时的纠正，当孩子感受到父母的一片凛然正气之后，就在心中树立了父母的威严，这样也会更利于父母对孩子的管教。

东晋的大将军陶侃，由于要常常外出应酬，所以经常碰上喝酒的场合，但是他一直坚持着父亲教训他的原则，无论在什么样的场合喝酒，一定不能超过三杯。

有一次，陶侃和当时的社会名流一起聚会，大家互相兴高采烈地敬酒，陶侃喝过三杯之后，同桌的客人又开始斟酒，陶侃却把杯子收了起来，告诉在座的人：我不能再喝了。大家都觉得很奇怪，就问陶侃：你怎么就只喝这一点点呢？

陶侃说道：我在年轻时，常常因喝醉酒而失态，后来父亲劝导我，无论在什么样的场合喝酒，都不要超过三杯。大家听他这样一说，就不再勉强他喝酒了。

陶侃能把父母的教诲记在心上，即便是父亲已经不在世了，但是父亲给他的建议他依然遵守，这其中包含了对父母的尊重，同时也让自己养成了一个好习惯。古时的父母给孩子立规矩来帮助他的人生不走弯路，而现在有的父母都很疼爱孩子，不舍得责备孩子，结果导致了很多的孩子都不懂得体贴父母的心意。这样的态度将最终害了孩子。

如果只是一味地疼爱孩子，过度地溺爱孩子，甚至是看不见孩子缺点的"护犊子"，这样的父母就是放弃了对孩子最好的教育机会，对孩子个性品德的发展非常有害，而且一定不会得到孩子的尊敬和爱戴。

育才方案：对孩子也要讲究原则

在孩子面前，永远要坚持原则。任何原则问题上的姑息和怂恿，只会让孩子偏离人生的正道，滑向无极的边缘。当孩子犯了原则上的错误时，我们更不能睁一只眼闭一只眼，任其放纵下去。生活的常识告诉我们，只要有一次我们忽略孩子的原则性错误，孩子会认为已得到默许而继续犯更多的错误。明智的做法，应该及时地让孩子为自己的过错承担责任，让生活告诉孩子深刻的道理。

做人失去了原则性，便失去了行事的内在标准。从家庭教育的角度来谈，如果我们的孩子是一个没有原则性的人，也就失去了内心中是非善恶的衡量标准，和良心、道德的准则。这样的孩子，将注定不可能成为大器之材，或担当什么重大的社会责任和使命。因此，在对待一些原则性的问题上，家长一定要"咬定青山不放松"，不要给孩子一丝回旋的余地。

❋ 让孩子学会承认错误

有一位年轻人，他在自己的文章中，对母亲在一件事情上给过他的启发，很是感慨：

"中学时，我是住校生。每次离家前，母亲总不忘叫我带上一小袋米，因为我所就读的中学要求学生自己带米。

"又是一次返校，因为疲劳，一上车我就昏昏欲睡。突然，一个紧急刹车把我从梦中唤醒。我睁开眼睛，浑浑然间感觉前面有一摊耀眼的白色。定睛一看，我大叫起来——"天啊，我的米！"不知何时，米袋口脱开，米从袋子里滚落下来，摊在地上成一堆白色。当我失声惊叫的时候，一个冷漠的眼神从旁边斜射过来。我看见一张写满不屑的脸，仿佛在告诉我他看到了米滑落的整个过程。刹那间，我的整个肺都要气炸了，他怎么可以这样漠不关心、见死不救？世界上竟然还有这样的人存在！我不知道应该用哪一种方式去让自己平静。我只是蹲在那个年轻人的面前，用双手一捧一捧地把米送回袋子，然后安静地等着下车。

"此后，我一直被一种从未有过的愤怒和惘然所包围。我开始怀疑一些东西，重新审视身边的一切。

"当我又一次回到家里，讲述那天车上的遭遇时，我余怒未消，用最狠毒、最丑恶的字眼来诅咒同车的那个年轻人。我满以为母亲会与我同仇敌忾，声讨这个年轻人的劣行。不料母亲却平静地说：'孩子，你可以觉得委屈，甚至可以埋怨，但你没有权利要求别人去承担你自己的责任和过失。作为母亲，我只能希望我的儿子在别人的米袋口松开时，能帮忙系上。'"

这位母亲的语言中充满了智慧，她很平静地告诉了儿子一个做人的道理：凡事不要把希望寄托在别人身上，更不要埋怨别人，永远也不要盼望着让别人来为你担当责任。从这位母亲的做法之中，我们可以参悟出培养孩子的心得：我们可以从身边的平凡小事中延伸到立身社会、处世做人的准则，经常告诫孩子凡是自己做错的事，不能让别人来替你收尾，甚至来承担责任和弥补你的过失。自己的事情自己负责，这样的孩子在进入社会时，才会少一些尴尬，多一分练达。为自己的过错担当责任，孩子在面向广阔的人生天地时，才能赢得别人的信赖，并会有所成就。

当孩子犯了错误时，千万不要偏袒他们，而是应该让他们为自己的行为担起责任。躲避责任，只会让孩子留下人生的硬伤，甚至一错再错。生活中，当孩子犯了错误的时候，家长们要把握好分寸，让孩子多从自己身上寻找原因，不断地完善自己，学会为自己所经历的一切负责。一个没有责任感、没有价值感的孩子，就无法找到自己的生命在社会中的地位与重要性，找不到前进的方向，也就失去了创造成就的动力，最终将一事无成。这样的孩子是可悲的，这样的父母也是失败的。

育才方案：允许孩子犯错，但是不允许他们推卸责任

许多孩子从来不洗自己的衣物，房间从来都是乱糟糟的；吃了饭，也不晓得帮助家人收拾碗筷；看到家里来了客人，甚至连招呼也不会去打一个；在公共场所，大声地喧闹着，从来不会考虑别人；只要家里人不催促去写作业，便会在电视机前一直待着；拿到考试卷子，只看看分数，而从来不会对错题给予足够的关心；当因自己赖床而快要迟到的时候，却吆喝母亲赶紧送他上学；家里人一旦没有满足他的一个小小要求便不依不饶；拿回糟糕的成绩单却说谁都有可能犯错；也会因为过失而流眼泪和遗憾地叹息，但事情过了几天就恢复了原来的模样；自己不小心做错了什么事情，总能找出无数的借口和理由……

以上都是孩子缺乏责任感的表现。

著名的教育家次格拉夫人说过："有时候，做父母的内心也会在爱与公平之间摇摆犹豫，但是不能因为孩子的借口而一味地迁就他的喜好，让他逃避责任。孩子如果没有按规定整理好他的书柜，那么面对他喜爱的电视节目，我们也只能做出很'遗憾'的决定。"

第四章 培养好品格，与孩子共同定义优秀

❊ 不容忽视的自信心

美国职业橄榄球联会前主席 D. 杜根曾经提出过这样一条定律：强者不一定是胜利者，但胜利迟早都属于有信心的人。后人称其为"杜根定律"。它揭示了自信对人的影响力。自信为一种自我肯定性、自我鼓励、自我强化，坚信自己一定能成功的心理素养，没有自信心，你会发现就会没有生活的热情和趣味，也就没有探索拼搏的勇气和力量。

英国作家约翰·克里西年轻时立志创作，他没有大学文凭，又无靠山，但他有自信。他向所有出版社投稿，均被退回，但他没有把退稿归咎于自己的无能，没有妄自菲薄，没有一蹶不振，而是满怀信心地继续写下去，最后终于成为著名作家，使人们能欣赏到他那4000多万字的作品。

自信是孩子健康成长不可缺少的因素。当然其他因素也非常重要，但最基本的条件，孩子要有激励自己达到所希望的目标的积极态度。自信的孩子是了不起的，他们遇事不畏缩，也不恐惧，就是稍感不安，最后也都能自我超越。他们健壮而充满活力,时刻保持一种饱满的精神状态,他们一般意志坚定,了解自己,不会因外界的评价而或喜或悲,自信使得他们一往无前,从不受伤害。

在美国一些学校,有一门课程很受学生的欢迎。这门课程叫作"自我表现课",无论哪个学生有什么特长,都可以在班上表演,同学们争先恐后登台,在众目睽睽之下自我表现一番。据说,这对培养学生的自信心是十分有利的。培养孩子的自信,不妨从"自我表现"开始。鼓励他去表现自己,并从中发掘自身的优点和独特之处,从生活点滴中强化自信心。

育才方案:故意"忽略"孩子小小的成就

什么时候的孩子最需要鼓励?什么时候不能过多地赞扬?这些就需要家长仔细留心。一般来说,孩子遇到困难,做不好一件事的时候是需要鼓励的。这时候家长一定要耐心,帮孩子一起把困难分解开,一步步去前进,然后在孩子每前进一小步的时候都要赞扬他。让他在被夸奖中同时体会一步步克服困难的乐趣。这种把困难分解,每一小步都让孩子体会到成功和被鼓励的快乐的方法,对于培养孩子良好的思维习惯和情商是至关重要的。

我们不可以让孩子在责备的环境中成长,但是也不可以把孩子整天泡在赞美中。很多父母认为帮孩子建立自信,只要给予足够的鼓励就可以了,并不需要什么技巧。更有父母整天向人炫耀自己的孩子有多么的优秀，实际上是给孩子造成了巨大的心理压力。

很多父母催促孩子不断上进，一方面可能是由于望子成龙心切，另一方面就是为了自己的面子，希望自己的孩子能够给他们争光，这样的盲从使父母考虑不到孩子的心声，不仅不能为孩子树立信心，还会使孩子在情绪上产生本能的厌恶。

夸奖可以建立孩子的自信心，赞扬是与孩子沟通的法宝，这的确没有错，只要给予鼓励，就能使他们形成更积极的处世态度，这一点不容置疑。

但是，任何事物都是有两面性的，不恰当的夸奖和不合理的鼓励可能达不到预期目的，还很可能会给孩子造成心理伤害。

✿ 可以认输，但是不能服输

每个孩子都渴望成功，但由于年龄小、能力有限、经历和经验缺乏以及各种因素的影响，难免会遭受失败和挫折。一次小小的失败，对成人来说是微不足道的，对孩子来说却是一个不小的打击。

很多时候，给孩子带来最大打击的往往不是失败本身，而是他对失败的理解。作为家长，帮助孩子正确面对失败很重要。相比之下，下面故事中明明妈妈的做法就很好。

明明是小学生，新学期刚开学时，他们班开展了"一帮一"活动，明明的任务是帮助一位考分总在60分上下的男生。班里只有10个人被分配了任务，刚接到这个任务的时候，明明又得意又紧张。他对这个任务很上心，每天一放学，他就留在班里帮那个孩子解答难题，回家后还不忘打电话提醒那个男孩背单词。可是这个学期快结束了，那个男孩的各科成绩还是在60分左右。因为这个，老师在班会上当着全班同学的面批评了明明，说他没能帮助同学共同进步。在随后改选班干部时，当了一年多小队长的明明落选了。

这件事对明明的打击很大，他哭着对妈妈说不想在这个学校读书了，想转到别的学校去。妈妈对他说：妈妈知道这件事情你受了委屈。听了这话，刚刚忍住不哭的他眼泪又落了下来。妈妈接着问：告诉妈妈，你尽最大努力了吗？明明使劲点了点头。"这就可以了，你要知道，世界上很多事并不是你尽力了就一定能成功的。但只要你尽最大努力就可以了。"这以后，明明深深记住了"凡事尽最大努力就好"这句话。

人们希望事事成功，然而，在现实生活中，常胜将军是没有的，在人生的道路上，失败是难免的。这是因为客观事物是纷繁复杂而又不断地发展变化的，关键问题就是尽量少些失败，多些成功，以及如何勇敢地面对失败。孩子如果没有经受过失败的痛苦，就往往不能以正确的态度对待失败。因此，父母应尽早训练孩子正确对待失败。

育才方案：帮助孩子战胜失败的打击

在我们的生活中，有这样的孩子，他们本来拥有聪明的头脑，以前也曾是全班甚至全校的尖子生，但往往因为一次考试不理想或是老师某一句话对他的打击，就变得消沉起来，学习成绩下降，上课精力不集中，甚至是逃学。在这种心态的影响下，这样的孩子就可能变得精神萎靡，消沉慵懒，做事没劲头，完全一副颓废的模样。这种心态如果得不到调整，他的一生就只能是碌碌无为，不敢面对一点困难。

面对这样的状况，家长要从以下几个重点着手，给孩子树立积极的态度，帮助他们渡过难关。

1. 父母要告诉孩子失败在人生的道路上很难避免

让孩子在思想上要有准备，如果准备好，失败就会小，即使遇到失败也容易承受，将失败的损失降到最低程度。鼓励孩子勇于承担风险，如果孩子总是躲避风险，他就会缺乏自信心，因为躲避风险会使他无法获得真正成功的感觉。那么，就鼓励他去做以前从未做过的事，在成功中寻找自信。对孩子的尝试要多加赞扬。

2. 防止消极态度

有的孩子在失败后，消极、颓废、自卑、沮丧，从此一蹶不振，失去对生活的希望，或引起不恰当的对抗行为等，这是对待失败的消极态度。父母应教育孩子防止这种消极态度，以积极态度来对抗消极态度。如果你的孩子在某一件事上失败了，绝不能责怪他、讽刺他，更不能嘲笑他，而要安慰他、鼓励他、开导他，激起他重新奋起的决心和自信心。永远不要伤及孩子的自尊，在对孩子进行批评教育时，要坚持对事不对人的原则。不应说"你真笨""你是一个没有用的家伙"这类话，而应该说"这件事你做错了""今天你不太勤快""这次你表现得不够好"，等等。

3. 教孩子变失败为成功

常言道：失败是成功之母。这是指失败既是坏事，又是好事。如果能从失败中吸取教训，砥砺人的意志，使人更成熟、坚强，激励人从逆境中奋起，就能使失败变为成功之母。父母训练孩子正确面对失败，就是使孩子勇敢地面对失败，变失败为成功之母。不要让孩子总是自责，当听到孩子说"我老是写不好字""我真笨""我太丑"的时候，要及时加以引导，用正面、积极的语言开导孩子，鼓励和帮助他战胜困难。

4. 告诉孩子不必太在乎外界评价

应该告诉孩子，谁都不可能总是在辩论会上得第一名，也不可能总是得奖章。要让孩子知道，就是在没有外界奖赏的情况下，他也应坚定地走自己的成功之路。如果过于在意外界的评价，他就会经不起挫折。父母要让孩子从小学会挣扎，锻炼拼搏精神，这样，当孩子遇到挫折、困难、委屈、痛苦等，就能奋起挣扎，变失败为成功，也会对孩子今后的成长大有好处。

❉ 帮助孩子克服畏难心理

有一位书法老师，在开学的第一天就在黑板上给同学展示了一幅草书，很多同学连看都看不懂，就在心里打了退堂鼓，觉得自己肯定学不好。而老师却笑笑对大家说："其实书法是靠年复一年的积累才会看得到效果的，同学们刚开始学习，一路坚持下来，一定也能写出很棒的字。"同学中有个小明在讲台前看到老师示范，毛笔在老师的手中运用自如，顷刻间，漂亮的笔画就画了出来。小明很想找到老师那样的感觉，可是毛笔在自己的手里怎么都不听使唤，画出的笔画七扭八歪，难看极了。小明很泄气地问老师："老师啊，为什么我写出来的字，和你的相比差这么多？"老师笑着看他，很和蔼地回答："如果你刚写了几天就和我写的一样，那我不如去撞墙算了。我都已经练习书法四十一年了啊。"小明听了自己也觉得很不好意思，是啊，功夫是一点点磨炼出来的。

眼前的困难只有努力克服，越过这道坎才会迈向胜利。如果遇到障碍就停滞不前了，那就永远不会得到成功的那一天。相比之下，对待简单的事情，有的孩子却轻视了。

很多孩子总是高不成低不就，遇到了困难的事情就畏缩不前，遇到简单的事情却不屑一顾。无论是在学习上还是在生活上，这样的例子都很多。结果是简单的小事做不好，复杂的事情做不了。被别人批评还觉得很委屈，总是能找到一大堆的理由为自己辩护。家长应该给孩子树立这样的意识,越是简单的事情,就越要认真,再不能出差错了,而越是复杂的事就越不能嫌麻烦,才能培养自己的韧性和毅力。

所以一个合格的家长,在当孩子遇到了挑战和困难的时候要给他打气加油,而有的时候,看到孩子一脸的春风得意忘乎所以,也要适当地给他泼泼冷水。这样做的目的,是为了让孩子有一个好心态,无论遇到什么样的境况都能很好地把握自己。人生是一场漫长的赛跑,教会孩子把握心中的平衡,才能在日后的生活中从容应对,立于不败。

育才方案:对孩子的"耐挫"能力心中有数

在现代的家庭教育中,父母要让孩子们知道,他们面临的是一个处处充满竞争的社会,"物竞天择,适者生存","优胜劣汰"将是普遍现象,未经锻炼的翅膀难以搏击人生的风雨,难以在未来的竞争中取胜。父母要认识到,要想让孩子在竞争中立于不败之地,必须对孩子进行挫折教育,让他们自小接受艰难困苦的磨炼,教会他们敢于面对挫折,不怕失败,以培养他们坚忍不拔的意志和毅力。在逆境中千锤百炼成长起来的孩子才能更具生存竞争力,这也是父母应为孩子尽到的义务和责任。

所以让孩子保持乐观的心态,微笑着面对生活是很必要的。家长在生活中应该如何引导孩子乐观地生活,乐观地面对生活的各种挫折呢?还必须注意以下几条原则。

1. 要朝好的方向想

有时，孩子变得焦躁不安是由于碰到自己所无法控制的局面。此时，你应该让他们承认现实，然后设法创造条件，使之向着有利的方向转化。此外，还可以引导孩子把思路转身别的事上，诸如回忆一段令人愉快的往事。

2. 不要过于挑剔

大凡乐观的人往往是"憨厚"的人，而愁容满面的人，又总是那些不够宽容的人。他们看不惯社会上的一切，希望人世间的一切都符合自己的理想模式，这才感到顺心。因此尽量让孩子避免挑剔的恶习。挑剔的人常给自己戴上是非分明的桂冠，其实是在消极地干涉他人的人格。怨恨、挑剔、干涉是心理软弱的表现。

3. 偶尔也要屈服

当孩子遇到重创时，往往变得浮躁、悲观。但是，浮躁、悲观是无济于事的。我们要告诉孩子不如冷静地承认发生的一切，放弃生活中已成为他们负担的东西，终止不能取得的活动，并重新设计新的生活。大丈夫能屈能伸，只要不是原则问题，不必过分固执。

❋ 家长更要信守承诺

诚实讲信用是做人的本分，孔子说：言而无信，不知其可也。一个不讲信用的人，如何能得到别人的尊重、赞赏和重用呢？在信用危机愈演愈烈的今天，如果具有了诚实守信用的品格，无疑是为自己的综合实力加分。

古人把做人的本分看得比自己的生命还重要，这实在是今天的人无法相比的。遵守承诺为君子，诚信待人才显人品。一个信守自己承诺的人，是一个有人格魅力的人；而一个视承诺为儿戏的人，自然不会得到别人的信赖。在家教当中，我们要有意识地加强孩子信守承诺的认识，借以培养孩子的诚信品质。如果自己的孩子能有很好的美德，家长也一定会备感荣耀。如果问家长，是把孩子的成绩从90分提高到100分重要呢？还是帮助孩子树立正确的做人态度重要呢？可能大多数的家长都会选择后者，但是更多的家长还是做前者的工作比较多，虽然知道德育教育的重要性，但却常常忽视它。

有两个姐妹学习成绩都非常好。有一次，妹妹和姐姐说："如果有人问我问题，我不会告诉他。"姐姐对妹妹说："我会告诉他，但是我会把错的告诉他。"孩子的家长在屋外听到她们的对话，感到很忧心。虽然孩子的成绩很好，但是连最基本的品质都失掉了，那将来又能有多大的成就呢？

家长如果发现自己的小孩总是不能说到做到，甚至有说谎的习惯就应该警惕，如果不加以及时的教育，将来迟早有一天，家长就是他们最常欺骗的人。也有的家长会有顾虑：我把孩子教得很老实，如果将来他走上社会被人欺负怎么办？这样的家长只看到了一时，却并不长远。守信用的人看似很老实，由于做人比较厚道，会发展得长长久久；不守信用的人精于机巧，以为骗过了别人，实际上是贩卖了自己。

育才方案：家长在孩子面前要信守承诺

优秀的父母必须让孩子知道，要言出必行，说话算话。教育孩子对别人要讲信用、负责任，首先就要从自身做起，给孩子树立榜样，答应的事情就要做到。只有说话算话的父母才能在子女心目中树立起威信来。

有太多的家长在孩子面前言而无信。比如，孩子哭闹时，父母常用许诺来哄孩子："别哭了，回头妈妈给你买辆小汽车。"但家长并不兑现这轻易的许诺。孩子却信以为真，满怀希望地等待着，然而一次次的许诺都不过是"空头支票"，孩子的一次次希望都成泡影。这样下去，孩子不仅逐渐失去对家长的信任，也慢慢地学会了说谎。家长只有在孩子面前信守诺言，才能真正树立威信，同时也会给孩子良好的教育，影响孩子以后的言行。

在现实生活当中，值得我们反思的是，许多家长并没有信守"承诺"的习惯。他们往往向孩子许下这样那样的承诺，但一转身就让其随风而逝，很少有兑现的时候。久而久之，孩子对父母的做法习以为常，也就不会去遵守自己许下的承诺。要知道，承诺是必须兑现的誓言，是不容随便变更的。在哄骗中长大的孩子，已不会对自己的承诺负责，也就常常做出违反诚信原则的事情。

家长对孩子必须言而有信、以诚相待，这样，孩子才会对父母产生充分的信任感，也才愿意把自己的心里话告诉父母。父母是孩子的镜子，也是孩子模仿的对象，也只有说话算话的父母才能在子女心目中树立起威信来，才能避免为孩子说谎而头疼的事情。

✤ 批评孩子，目的要明确

每个人都喜欢听到别人的赞美和肯定，不愿意听到批评和否定。只要是听到批评的话，心里就会觉得不舒服。然而静下心想想，批评是难能可贵的，每个人都是不完美的，而批评正是指出缺点、趋向完美的好方法。

就是因为一颗虚荣之心，让人不敢正视自己的不足。和成人一样，孩子也同样是喜欢表扬而反感批评。孩子处于成长的时期需要多加鼓励，但是作为家长，也一定要有意识让孩子能从心理上接受批评，才不至于在孩子长大之后对批评"拒之门外"，从而不利于塑造良好的性格。

这一天，小倩回到家闷闷不乐的，原来是在学校遇到了不顺心的事情。原来在英语课上，由于小倩的发音不准，旁边的同桌偷偷地笑她。小倩一紧张，又忘了句子应该怎么说，憋了一个大红脸。因为这件事，小倩一直对同桌耿耿于怀。

小倩的妈妈听了孩子的抱怨之后，笑着问她："比如说，你的鼻子上粘了一个黑点，你也没有看到就出门了，而一路上并没有人告诉你在鼻子上有黑点。你想想，那些看到你的人会怎样？"

小倩想想说："他们一定会笑话我。"

"如果有人告诉你，你的鼻子上有个黑点。你知道了之后就会把黑点擦掉，那就没有人再笑话你了对吗？"

听妈妈这样讲，小倩若有所思地点点头。

"你的缺点就像鼻子上的黑点一样，大家都看得到，只有你自己看不到。你说，有人帮我们指出来了，我们是要感谢他对不对？"

小倩明白了妈妈的意思，很认同妈妈的说法，使劲地点头："这样说的话，那位笑话我的同桌，我不应该生气，应该感谢他。"

"对呀，如果你不改正自己的缺点，一样要被人笑话的。"看到小倩明白道理了，妈妈很高兴地继续说，"还不止这些呢，有的人就专门喜欢被别人夸，喜欢戴高帽子，比如孙悟空。后来观世音给了他一个高帽子，原来是个紧箍咒。我们小倩不想戴紧箍咒对吗？"

小倩开心地点点头，不再因为刚才的事生气了。

这位妈妈就给孩子讲清楚了别人帮我们指出缺点的益处。如果有人帮我们指出了缺点，可以让我们少走很多弯路，无论是当面的指责，还是背后的批评，如果都能正确对待，都将成为激励我们不断向上的动力，成为检验自我的试金石，使我们的人生一路向前。

育才方案：引导孩子正确接受批评

家长在教育孩子的时候应该以表扬为主，在孩子还在牙牙学语的时候就应该有意识地让他既得到正面的肯定，也能听得到反面的批评。比如今天小孩不想学习走路了，妈妈就可以这样跟他讲："宝宝昨天走路一点都不怕累，今天怎么怕累了呢？"这样早早地引进批评可以帮助孩子体会到批评和表扬同样常见。事实上，在幼儿期就能适应批评的孩子，一般在长大后也能比较适应社会，能够正确对待他人的批评，也能表现出较好的承受挫折的能力。

家长训练孩子能够接受批评，应该注意以下几个方面。

1. 要求孩子认真倾听

如果孩子不能做到认真倾听，那将对别人的批评领会得不全面。从小就应该有意识地让孩子在听他人讲话的时候提高注意力，因为只有认真倾听，才会领会批评中确实有几分道理，并虚心予以接受。不仅如此，对他人的批评认真倾听，也是文明的体现。

2. 允许孩子做出解释

如果孩子在接受他人批评的时候发现对方说的并不符合事实，或者提出的意见并不合理，告诉孩子面对这样的状况要有意识去做解释，解释并不是为了推卸责任，而是避免在孩子的心中承担本不该承担的负担。解释的时候一定要保持心平气和、实事求是的态度。

3. 要求孩子对批评者一视同仁

有的孩子能很虚心接受长辈的批评,但是却不肯接受同龄人的批评,这时要教育孩子,只要批评得有道理,即便这些是来自小伙伴,也应该虚心接受。

4. 对提出批评者道谢

对那些提出善意批评的人,要建议孩子做出真诚的道谢以表达自己的诚意。

✿ 不是自己的东西,坚决不能拿

行为主义心理学家认为,人类的行为一般是遵循着需要—动机—行为的模式建立的。即当孩子看到一件自己喜欢的东西时,自然而然地就会产生一种"想拥有"的需求,这种需求就会促使他们产生"拿"的动机和行为。所以,如果把孩子拿东西的行为一律用"偷"来解释是不妥当的。

亮亮今年上小学三年级了,不仅聪明好学,而且活泼可爱,父母老师都喜欢他。而这天,发生了一件让亮亮想不到的事情。

中午吃过饭之后,孩子们在教室里休息,亮亮的同桌鹏鹏拿出了一瓶饮料,告诉亮亮说:"这个瓶盖内有提示,可以兑奖,如果中奖了就可以免费再领一瓶。"说着,鹏鹏就跑出去和同学踢球去了。

坐在教室里的亮亮却对着这瓶饮料发呆了，心里很好奇："不知是否真的可以兑奖，我真想打开看看。"想着想着，亮亮不自觉地就把那瓶饮料握在了手里。

"啪"的一声格外清脆，亮亮经过半天的思想搏斗，终于打开了瓶子，瓶盖上写着"谢谢品尝"，看来亮亮没有得奖。

瓶子打开了，奖品也拿不到了，还剩下满满的一瓶饮料怎么办？亮亮一拍脑瓜：管他呢，干脆喝了算了。

鹏鹏从外面踢球回来了，口渴得四处找水喝，却怎么也找不到饮料了，知道是被亮亮喝了之后，鹏鹏和他吵了起来，还向老师告状了。

亮亮觉得没有什么啊，不就是一瓶饮料吗？一会儿买一瓶还你就是了，有什么了不起呢！

亮亮自己不觉得这已经犯错误了，他觉得一瓶饮料无足轻重，根本算不上什么。实际上，东西不管是多么贵重还是多么细微，只要不是自己的，未经他人的允许一律不准拿，这是原则，必须遵守。

对于亮亮来说，他只是对这个瓶子感到好奇，并没有其他的想法，自己并没有意识到这样的行为已经成了偷窃。在家长了解了这样的动机之后，大可不必紧张，但是要把道理给孩子讲清楚，比如妈妈可以这样对亮亮说："你看，那是鹏鹏的东西，他从外面踢完球回来口渴得难受，没有水喝多着急啊。如果你的东西被别人拿走了，你是不是也很生气呢？下次，喜欢的东西找妈妈要，我们不要拿别人的好不好？"如果父母用这样的口气与孩子来交谈，他们一定是可以接受的。在孩子第一次做出这样的行为时，即便他是无心的，也需要父母的足够重视，不能允许孩子再犯这样的错误了。

作为家长，如果您的孩子有了拿别人东西的习惯，这是非常危险的。这时既不能大发雷霆，夸大严重性，给孩子心中留下阴影，带来心理压力；也不能不管不问，听之任之，助长其不良行为。孩子小时的不良行为得不到及时纠正，长大都很容易铸成大错，更不能碍于面子漠然处置，使孩子认识不到自己已经做错事了。子不教父之过，长大后再出现问题则追悔莫及。

育才方案：帮助孩子建立所有权的概念

心理学家亨利·霍斯金认为，建立所有权的观念，应该从小做起。当孩子两三岁的时候，就可以告诉他哪些用具、物品是爸爸的，哪些是妈妈的；让孩子知道，奥特曼是邻居家小朋友的，玩具火车是表弟的，芭比娃娃是表妹的，那本画册才是自己的。同时应该让孩子知道，在拿别人的东西之前，应该征得对方的同意。四五岁时，可以让孩子拥有自己的洗漱用具、房间、杯子、玩具等。当给孩子买了新东西的时候，可以告诉他：这是爸爸买给你的。有了这些观念之后，孩子就自然学会了如何约束自己，不至于再随便拿别人的东西了。

❋ 给孩子树立正确的金钱观

有个孩子刚刚进入中学,就和爸爸妈妈说:你们要为我买上千元的套装,因为我自己考上了学,给你们省了不少赞助费,你们给我花钱买一件好衣服是应该的。

当孩子上了幼儿园、上了学之后,很多家长都会慢慢发现孩子出现了爱攀比的行为,衣服一定要带牌子的,鞋子一定是阿迪达斯的,连皮带都一定是鳄鱼的,每个月动辄要上百元的零花钱。家长心中很是苦恼。

孩子没有亲自赚过钱,对于金钱的意义也难以理解,当然更不了解父母赚钱的辛苦。父母可能对孩子很少言及赚钱的不容易,使孩子更加不了解生活的实际。在他们眼里,钱只是一个数字,并不了解真正价值几何。

有一个小学生是班上的班干部,无论做什么事情都会表现得很积极。有一次学校组织活动号召学生向灾区捐款,这个小学生对老师说:老师,我家里有钱,我可以捐。老师问他你能捐多少呢。这个小学生说:捐十万元。回到家之后,这个孩子告诉爸爸妈妈:今天我已经和老师说好了,我可以向灾区捐十万元。我们家里有对吗?爸爸妈妈听了之后目瞪口呆,孩子根本就不知道十万元是个什么概念,不知道是父母每天辛勤劳动赚来的,在他的眼里只是一个数字。父母也觉得这事很不好意思跟老师解释。

孩子中出现这种爱攀比的现象，父母往往也不知道如何来做。如果顺从了孩子的意思，会给家庭的生活带来极大的负担，钱都花在了没有用的地方。可有的家长又担心如果不答应孩子的要求，孩子在同学面前丢了面子，失了自尊心怎么办？毕竟，爸爸妈妈都希望自己的孩子能够快快乐乐地成长，希望给他们最优厚的条件，有的时候，做父母的也会一忍再忍，帮助孩子实现他的愿望。

我们家长可以观察自己的孩子，可能也有这样的现象，帮他买了很好的鞋子，不多久，他就会发现裤子和鞋子不配套，就会要求买好的裤子。帮他买了一个很好的铅笔盒，可能过不久他就想换一个更好一点的书包。孩子正在求学的阶段，也是正在处于树立人生观和价值观的关键时期，如果这样玩物丧志，必定对将来的成长极为不利。物质的欲望如同一个无底的黑洞，无论如何都不会填满。唯一能解决的方法，就是杜绝孩子的虚荣心。

育才方案：让孩子体会金钱的价值和意义

如果不给孩子创造机会来了解金钱，他永远都不明白金钱的意义和价值是什么，只会一味地找父母要钱还觉得天经地义。孩子有必要在生活中懂得金钱的交换价值，可以带着孩子在市场中走走，让他了解一斤米要多少钱，一件衣服要多少钱，家里用的电脑是父母辛苦工作多长时间才能买到的。这样，孩子就会对钱有一个直观的了解，不会认为花上百元过生日派对是无所谓的事情了。

还有很多孩子之所以不断要求父母买这买那的重要原因就是，他们没有了解到赚钱的辛苦，认为别的同学能有的，自己也一定能有。这时作为家长应该让孩子了解到他想要的东西是要花很大的代价才能换来的。

还有一点作为家长尤其要注意，首先自己不能有虚荣心，否则的话想让孩子不和别人攀比，那是根本不可能的。有几位妈妈家境都比较优越，她们经常在一起讨论时尚服装，一起炫耀自己新买的衣服。有一次，她们看到了巴黎服装展上的某件衣服不错，居然相约一起坐飞机去巴黎，非要把那件自己想要的衣服买来。试问：如果作为家长都是这样爱慕虚荣，又如何为孩子做表率呢？

✿ 排除孩子的嫉妒心

希腊著名心理学家乔治·卡纳卡基斯说：其实嫉妒是一种十分自然的反应，每个孩子都会嫉妒。孩子的嫉妒心理从很小的时候就会有所反映，而引起嫉妒的原因很多。在许多情况下，这种嫉妒甚至会达到折磨人的程度。

英国曾有一份研究报告指出，4个月大的婴儿就已经具有嫉妒心了。有人做过实验，15个月的孩子，如果妈妈当着他的面抱别的孩子，他就会有所反应，非要让妈妈放下别人抱自己，并紧紧搂住妈妈，好像在说："这是我的妈妈，不是你的。"

两个孩子玩游戏本来好好的，一个孩子看别人搭积木搭得又快又好，自己却怎么也搭不好，他很着急，索性把两个人的积木全都推了，"我搭不好，你也别想搭成！"

平时和自己形影不离的好朋友被选上了三好学生，心里会觉得酸溜溜的，不知道怎么会这样难过。

孩子对他人拥有的自己不具备或得不到的东西，往往会产生一种由羡慕转化为嫉妒的心理，这是很正常的现象。

要帮助孩子摆脱嫉妒心理，首先要了解孩子嫉妒的起因。

在了解孩子产生嫉妒的起因时，父母要耐心倾听孩子的心理感受。要知道，孩子的嫉妒是直观、真实甚至自然的，它完全不像成年人那样掺杂着许多其他的社会因素，它只是孩子对自己愿望不能实现而产生的一种本能的心理反应。因此，当孩子显露出其嫉妒心时，作为家长，千万不要严加批评指责，更不要冷嘲热讽。

此外，还要在平时生活中，注意培养孩子豁达乐观的性格。告诉孩子，每个人都有自己的优势和长处，但同时也都有各自的不足和短处，任何方面都比别人强是不可能也是没有必要的。引导孩子发挥自己的长处，扬长避短，在学习和生活中学会正视、欣赏别人的优势和长处，从而能够向别人学习、借鉴，以弥补自己的不足，用自己的成功来赢得别人的喝彩。

育才方案：如何排除孩子的嫉妒心

嫉妒心理是一种负面的情绪，甚至会引起多种心理问题和疾病，作为家长不可以等闲视之，怎样来正视孩子的嫉妒心理呢？

1. 家长平时要多关心孩子，注意孩子身上的闪光点，及时地进行表扬和鼓励。家长对孩子的表扬要恰当，不能过分夸大。在表扬孩子的同时要指出一点不足，避免孩子会产生"不允许别人超过自己"的心理。家长忌讳故意同着自己的孩子表扬别人家的孩子，这样最容易激起孩子的嫉妒心理。

2. 父母面对孩子的"醋意"，应该将其转化为积极的前进动力。林林看到同伴有很多的小汽车，非常眼红，就对妈妈说：宁宁的汽车一定是偷来的，不然的话，他怎么会有这么多。母亲听了之后纠正他的想法：要是你不乱买零食的话，省下的钱也可以买许多玩具了。这样就会打消孩子的嫉妒心，并且还使他不再乱花钱。

3. 可以为孩子创造与同伴相处的机会。可以邀请好朋友到家里来做客，让孩子把自己的点心分给小朋友吃，久而久之会使孩子养成与人分享的习惯。有爱心的孩子不容易对别人心怀敌意，也就不容易嫉妒别人了。

4. 家长应该帮助孩子树立自信心。心理学家认为，缺乏自信的孩子往往更容易产生嫉妒心，家长的赞美和理解是医治自卑和克服嫉妒的良方，孩子会充满安全感和快乐感。

❖ 宽容的品性让孩子更受欢迎

　　宽容是一种十分珍贵的情感，主要表现为对别人行为的体谅和对过错的原谅。这种感情对孩子个性的健康发展和人际关系尤为重要。缺少宽容之心的人由于不能用心来感受别人的需要，往往在人群当中得不到认同。

　　有一位老师回忆起自己小时候记忆深刻的一件事。有一次妈妈带他去做计程车，开到半路的时候忽然汽车出了故障，司机下车怎么都修理不好，后半路就行进得很慢，而且汽车一直发出"嘭嘭嘭嘭"的声音，好不容易才开到了目的地。母亲没有丝毫的责怪，不仅付了车费，而且又额外付了钱给司机作为修理汽车的费用。当时母亲的这个举动给这位老师留下了深刻的印象。这位老师回忆说："当时我家里条件比较好，母亲觉得这些穷苦人如果再要花钱修理车子，可能一家人的生活质量就要下降。我家里不需要很多的钱，可以帮助他们减轻一点负担。"母亲宽厚的人品影响了这位老师，使这位老师在后来的教学生涯中懂得爱护学生，受到学生的欢迎。

　　宽容是人的一种美德，是做人的一种风度和境界。宽容能使人性情和蔼，能使心灵有回旋的余地，能使人消除许多无谓的矛盾，化干戈为玉帛。宽容的人，时时处处都会受到人们的拥戴，因此他们能够处理好各种人际关系，能够很快地适应各种不同的环境，能够融洽地与人合作，充分实现自己的潜能。

作为父母，既可以将自己的孩子培养成胸怀广阔的人，同样也可以将孩子培养成心胸狭窄的人。但为了孩子的幸福，同样也是为了孩子的学习，为了孩子将来能有所作为，我们应当教他学会宽容。宽容是交往和沟通的润滑剂，它会让孩子在宽松的人际环境中成长，在人生的路上走得更踏实！

在生活中父母要经常对孩子进行宽容教育，宽容不是软弱畏缩，而是一种默默的克制，是一种无声的等待，是优秀人格的表现。同时要求孩子对别人宽容，自己也要以身作则，对孩子所犯的错误也要适当地给予宽容，对待别人也要宽容，这样会给孩子做出最好的榜样。也可以给孩子准备宽容教育方面的书籍，让书籍熏陶孩子的品性。

育才方案：培养孩子的宽容心

现在的孩子大多数都是独生子女，是家里的掌上明珠，三千宠爱还都不够，如果孩子在幼儿园或者学校里受了委屈，家长都心疼得不得了。于是就有家长真的会这样告诉自己的孩子：别人要是对不起你，你就不要对得起他。别人打你，你就打他。这样的教法会对孩子将来的人际关系有很深刻的影响。如果只是教孩子张着眼睛向外看，就不会懂得反思自己，那就永远找不到出现问题的关键。

告诉孩子"严于律己，宽以待人"，告诉孩子"有则改之，无则加勉"，告诉孩子"己所不欲，勿施于人"这些正确的做人做事态度，才会让孩子把握住正确的方向。

为了孩子将来的幸福，同样为了孩子将来能有所作为，我们要让孩子有一个宽阔的胸怀，不要锱铢必较。作为成人我们应该从以下几个方面入手培养孩子的宽容精神。

1. 父母要为孩子树立榜样

父母是孩子的第一任老师。孩子最初都是从父母那里学习待人接物的。如果父母与人的态度是宽容、大度，与邻里、同事之间融洽相处，孩子就会学着父母的样子处理与同学之间的关系。

2. 让孩子试着"心理换位"

所谓的"心理换位"，就是指在双方产生矛盾的时候，要能够站在对方的角度，设身处地体谅对方的心情。如果体谅到对方的难处，就会减少很多不必要的矛盾。当孩子与别人发生冲突的时候，就要引导孩子做这种"心理换位"。

3. 教孩子理解他人的缺点

有缺点和不足是人性的必然，所以没有必要求全责备。教育孩子多原谅别人一次，多给人一次宽容和理解，同时也就为自己多找了一份好心境，也会使自己觉得在个性完善的道路上又向前迈了一步。

当然，教孩子多宽容别人并不是混淆孩子的判断力，宽容并不是对人妥协。

对于那些行为不好的同学，告诉孩子对他们敬而远之就可以了，重要的是把他们当成一面镜子，看看自己是不是也有这样的缺点才最重要。

4. 让孩子多和同伴交往

在孩子与同伴交往的过程中，父母要特别注意引导孩子，让孩子不嫉妒比自己强的同学，不嘲弄比自己差的同学，不故意为难自己的竞争对手。而是向好同学学习，帮助不如自己的同学，与竞争的对手合作。通过这样的交往，孩子能体会到宽容的意义，分享别人的成功，获得成长的乐趣，也赢得了友谊。

5. 鼓励孩子乐于接受新事物

父母要引导孩子见识多种新生事物，让孩子喜欢并乐于接受新生事物，使眼界更加宽广，就不会在小圈子里兜来兜去的。孩子一旦学会了接纳新事物，对世间的万事万物也就都具备了宽容之心。

❀ 一声"谢谢"，传递好心情

一个小女孩和妈妈吵架了，很伤心地哭着跑出了家，决定再也不回家了。

小女孩在街上漫无目的地闲逛，不知不觉已经到了晚上，她感觉到饿了。

这时小女孩来到一家面馆前，闻到从里面飘来的香气，很想进去吃一碗面，可是她没有带钱，只好在外面呆呆地站着。

面馆里的老板娘看到了她，于是招呼她进来："小姑娘，进来吧。没有带钱没关系，今天我来请你吃，不用付钱。"

　　老板娘亲自下厨为小女孩做好了一碗面，端到她的面前。

　　"孩子，这么晚了，你怎么一个人跑出来，你不认得家了是吗？"

　　小女孩听到老板娘这样问她，眼泪禁不住流了下来，说道："你对我这么好，还亲自煮面给我吃，我和妈妈吵架了，从家里跑了出来。"

　　老板娘听了之后，笑着问小女孩："奇怪，我只不过给你煮了一碗面，你就感激成这样。你从小到大妈妈给你煮过多少碗面，你怎么都忘记了呢？"

　　现实生活中有很多这样的孩子，就像故事里的小女孩一样，在养尊处优的环境中长大，认为父母的付出是理所当然，根本意识不到这是父母的恩情，更不要说有感恩心了。家庭是一个互助的团体，社会也是一样的，如果孩子没有一颗感恩的心，就看不到别人的付出，不仅视父母对他们的关爱为理所当然，而且对他人给予的帮助也满不在乎。

　　不懂得感恩的孩子为数不少，有很多孩子对于父母辛苦把他养大从来不怀有半点感激，反而埋怨父母为什么不是高官，不是巨贾，为什么无法给他带来权利和财富！在西方国家，曾听说有个孩子曾因为父母长相不好而起诉父母，这也算是把恩将仇报演绎到了登峰造极的地步了。

　　缺乏感恩意识的孩子，无论他的能力多么出色，都难以成为真正意义上的强者，因为社会难以接受和认可不知道感恩的人。父母要想把自己的孩子造就成为一个人才，必须培养他们的感恩意识，感恩父母、感恩社会、感恩大自然，感恩每一个人。

育才方案：让孩子学会感恩

感恩之心的培育，从孩子小的时候就应该着手。每晚睡觉之前，你不妨花一点时间和孩子一起想一想，今天有什么让孩子感激的事，比如父亲的一句叮咛、母亲的一顿早餐、邻居的一个致意、同学的善意帮助、老师讲课时忙碌的一个身影，这些都是生命中爱的体现，都值得孩子去珍惜。

让我们一同学习几个能培养孩子感恩之心的方法。

1. 培养孩子的孝心

必须让孩子从小就知道，孝心就是一种感恩的心，没有孝心的孩子不是好孩子。还要让孩子们知道父母的养育之恩，让他们知道怎样做才算是有孝心。真正有孝心的孩子，懂礼貌，责己严，为父母分忧解难。为了明理，做父母的可以多给孩子讲些古今故事，让孩子通过形象去理解。

孝敬父母是在各种美德中占第一位的。感恩应该从自己的亲人做起，"老吾老以及人之老"，让孝敬父母的美德渐而扩充至社会大众，乃至一切无穷无尽的众生。如果反过来，完全不念父母的养育之恩，不过问父母的生活，不关心他们的健康，则又矫枉过正，走向另一个极端化和绝对化。

2. 做人不能忘恩

你可以给孩子讲讲这样一个故事:"从前有一只小鹿,它为了逃避猎人的追赶,躲进了附近一个葡萄园。当猎人刚刚从它旁边走过,它就开始大吃起葡萄叶子来。猎人发现葡萄园的叶子在微微颤动,他们猜想:'这叶子下面会不会有只野兽呢?'于是猎人就开了一枪,结果可想而知,鹿被打中了。鹿在临死的时候说:'我活该倒霉!因为我吃掉的,恰恰是那些救过我命的葡萄叶子。'"然后告诉孩子做人不能忘恩负义的道理。另外,可鼓励孩子学会说出自己最感谢的人和事,家长在一旁表示欣赏和赞扬。

3. 让孩子体会爱

圣雄甘地说:"被爱心箭射过的人,才能领会爱的力量是多么伟大的。父亲对我所采用的方式,正是用爱的箭射入我的心坎,使我体会到爱的力量是多么伟大。我下决心一定要堂堂正正地做人,光明磊落地活下去。"教孩子体味爱的过程也是教孩子学会感恩的过程。当你喂孩子菜食时,不妨说:"好香,给妈妈尝尝好吗?"通常孩子会举起小勺递过来,你会对他表示赞许。如果孩子冷,你不妨问问他:"爸爸是不是也冷?"在给孩子添加衣服时,问问他:"爸爸衣服在哪里?""妈妈穿哪件?"这么做既可以教他日常知识,又启发了他的爱心。

❈ 与别人分享，收获双倍快乐

家长应让孩子体会到分享的快乐，使孩子明白分享并不等于失掉自己拥有的东西。当孩子乐于与他人分享的时候，他的快乐就变成了双倍的快乐，他的忧伤也只剩下一半。

生活需要分享，快乐和痛苦也需要有人来分享。

"乐于分享"重在强调一个"乐"字：以"分享"为乐，为能够与他人分享和分享他人而感到由衷的欢乐。只有真正宽容、大方、热心的人，才会乐于与他人分享；也只有真正自信、善良、胸怀宽广的人才会乐于与他人分享。

明朝时候，有一位大臣叫郑廉，他的家族共有一千余人，但是整个家庭都非常和乐，从没有一个家庭成员要提出过分家。郑廉治家的事迹得到了朝廷的表彰，明太祖亲自写了"天下第一家"的牌匾赐给他，同时还赐给他两颗水梨，暗地里叫随从的官吏观察郑廉怎样来处理这两颗水梨。官吏来到郑廉家的时候，全家所有的成员都在庭院等候，感谢皇帝的赞誉。随后，一名官吏把皇帝赐的两颗水梨交给郑廉。

只见郑廉吩咐家仆抬了两个装满水的大缸来到庭院，他将两颗水梨打碎，分别放入两个水缸当中。然后郑廉对大家说："这是皇上赐的水梨，我们每个人都从缸里舀一碗喝，每个人都有份。"全家族的一千余人都得到了皇帝的赏赐，非常的开心。明太祖知道了郑廉的所作所为之后，非常感慨："从这两颗水梨可以看出，郑廉能让家族的成员利益均沾，这是他治家的秘诀。"

正是因为郑廉懂得分享，懂得让家族中的每一个人都能得到一样多的快乐。所以，每个成员都生活得非常开心。

家长是孩子最好的榜样。在日常生活中，家长关心别人、帮助别人，自然会给孩子潜移默化的影响。父母要做与人分享的模范，经常主动地关心和帮助别人。做了好吃的点心分给邻居尝尝，毫不吝惜地借给别人需用的物品等，这些小事都会为培养孩子的分享意识起表率作用。这些行为都无声地鼓励着孩子与人分享，这样的孩子也会有人愿意与他们分享。

育才方案：进行分享教育

小孩子有时会认为凡是他能得到的东西就都是属于他的。但是作为家长，必须教会孩子怎样去做。小孩子毕竟还是喜欢讨大人的欢心，如果教给他分享，在他们五六岁时，就可以和同伴在一起好好地玩。

1. 教孩子学习与人合作

家长应该引导孩子，让他看到一起分担工作和分担任务的好处，或者让孩子了解到，他可以得到一份好吃的，但必须是两个人分享。

2. 引导孩子与人分享

很多孩子喜欢玩别人家的玩具，但不乐意拿出自己的玩具给别人玩。这时家长就应该有意识地让孩子与别人分享一些东西，这时孩子会体会到东西虽然被别人拿走，但还是属于他的，这样就会对别人拿走了玩具这件事没有那么抵触了。

3. 教孩子顺利得到别人的分享

如果孩子喜欢别人手中的玩具，要鼓励孩子很大方很礼貌地征求对方的意见，而不是自己自作主张就拿走了，更不能是从别人手中生硬地抢过来。这是家长需要注意的地方。

❀ 让孩子懂得尊重别人

《周易》中讲道："天道亏盈而益谦，地道变盈而流谦，鬼神害盈而福谦，人道恶盈而好谦。"无论是天地鬼神，都更嘉奖谦虚的态度。平等地对待别人，不仅是一种美德，是自己良好修养的外在体现，更是让自己有了正确的做人处世态度，把自己放在很低的位置，然后才肯冷静地看待自己的不足，吸取别人的长处。所以人们常说：稻穗越饱满，就越会把头垂得低。成功的人总是有这样的一种美德，就是很平等地对待比自己地位更低的人。在中国古代也有很多这样的故事。

《论语》中记载："厩焚。子退朝，曰：'伤人乎？'不问马。"孔子听说马厩失火了，首先想到的并不是自己的马，而是考虑到是否有童仆受伤。

东汉时期，有一个朝廷的官员叫刘宽。一天早上刘宽正要上朝之时,迎面走过的侍女不小心把端在手里的汤打翻了,溅到了刘宽身上。刘宽并没有责骂侍女的疏忽,而是很关切地问道:"你的手是否有烫伤?"

而现在有很多孩子由于家庭的生活条件比较好就滋生了一种优越感,对待社会地位比较低或是其他方面不如自己的人会或多或少产生歧视。这种歧视心理的危害在于,凭着自己的错觉将人物划分了三六九等,很难培养一个孩子的恭敬心,不懂得恭敬他人的孩子显现出的傲慢,会让旁人不愿意帮助他。曾经有一位老师说:"懂得尊重他人的孩子才会遇到贵人的帮助。"作为父母,应该及早发现孩子这种随便看不起人的行为,并给予导正。

成成在家庭生活中表现得不懂得平等待人,平时见到那些有钱有势的阿姨就很亲切,小嘴特别的甜。而对于从乡下来的穷亲戚,就没有这么热心了,对他们都是爱答不理的。

当父母发现孩子出现这样的问题了,一定要首先反思自己,是否有差异对待过别人。因为孩子不懂事的地方,很可能就折射出父母教育的问题。如果平时自己就是势利眼的话,那孩子自然会受到父母这种坏风气的影响。平等是文明的秩序,给孩子树立了平等待人的意识,将是他成功获得未来的通行证。

育才方案:让孩子懂得尊重别人

尊重别人并不是天生的,而是良好教育的结果。做父母的只要用心培养,孩子一定会懂得尊重别人。

要想做到这一点，首先父母应该懂得尊重孩子。英国著名的教育家斯宾塞说过："野蛮产生野蛮，仁爱产生仁爱。"父母以尊重的态度来对待孩子，孩子才会懂得尊重。对孩子的尊重应该在日常生活中体现出来。比如当孩子帮你做了家事的时候，要对孩子说谢谢。有些事情，我们可以用商量的口吻来和孩子说，比如"你是想吃巧克力口味的还是草莓口味的？"像这种无关紧要的事情完全可以让孩子自己做决定。

此外，父母在家庭中也要互相尊重，父母之间的尊重，会在潜移默化中给孩子良好的影响。父母之间也应该经常说"谢谢""你请""不客气"之类的敬语。

有些父母会经常当着孩子的面互相揭对方的短，甚至是互相谩骂，父母的这些不尊重别人的行为都会给孩子带来不良的影响。当孩子有不尊重别人的行为时，可能他并不是不尊重别人，而是他还不理解这样做是不尊重别人，孩子还没有意识到自己这样做会伤害别人。

如果发现孩子出现不尊重别人的行为时，父母一定要给予足够的重视。要问清楚孩子的动机，为什么要这样做，问问孩子如果别人这样对待自己，自己会有什么样的感受，然后有针对性地指出这样做的坏处。告诉孩子有教养的孩子应该同情别人，帮助别人。尊重别人的人才会受到尊重，尊重别人就是尊重自己。

❖ 为孩子着想，不替孩子做决定

有一本儿童文学的畅销书，叫作《窗边的小豆豆》，很多孩子读完之后都说："要是我能在小豆豆读书的学校上学就好啦。"作者黑柳彻子讲述了她上小学时的真实经历，那时她是个淘气的小孩，被第一所学校开除，想法古灵精怪。但她长大后，却成了日本"最杰出的女性"之一，是日本著名作家、电视节目主持人、联合国儿童基金会亲善大使，在很多公益组织中身兼数职。

可以说，正是那个成就了黑柳彻子的人，创作了《窗边的小豆豆》这样美好的教育童话。那个人就是作者的母亲，也就是书中小豆豆的妈妈。

班主任把小豆豆的妈妈请到学校，历数小豆豆在课上的种种劣迹。就连读者看了都会吃惊和难为情的那些事，却很平静地被妈妈接纳了。妈妈没有为自己的孩子辩护，也没有在老师面前声泪俱下，更没有在听完老师的汇报后痛打小豆豆一顿。她所明白的就是一个事实：孩子在这里不可能有很好的发展环境了。于是，她下定决心再给小豆豆找一所学校。

小豆豆能够从一个"问题小孩"成长为一个著名的作家，要感谢自己的妈妈。正是有了这样的妈妈，她才没有被划成"差生"、遭遇各种批评和嘲讽。在任何时候，妈妈都能够从小豆豆的角度去想问题，从来不因为自己的委屈而抱怨、痛哭，也从来不把自己的孩子当成有损自己颜面的累赘。

有多少家长是在孩子做错事情的时候，首先想到了孩子的心理承受能力了呢？很多人都曾以为"没关系，妈妈相信你下次会更好的"的说法是大度的、宽容的，但看了小豆豆的妈妈的表现，才发现自己说的"下一次"一点也不宽容。

面对孩子的喋喋不休、谎言、抱怨，小豆豆的妈妈总是很温柔地问："怎么了？""为什么这么说呢？"让孩子说出自己内心的想法，正因为如此，小豆豆才有很多的空间去成长，自我完善，发现自己的闪光点，在社会中找到自己合适的位置。

父母的爱可以改变孩子对自己的看法，父母的爱也能改变一个孩子的命运轨迹，甚至能改变世界。如果一个孩子能遇到好父母，他的一生都将与好运相随。

育才方案：多替孩子着想

许多家庭问题的发生，如家庭成员之间情感的疏离和冷漠、孩子性格心理上的缺陷等，都与家庭中的沟通有关，往往起源于相互之间不能很好地理解。

孩子看电视正十分起劲，而此刻学习的时间到了，作为妈妈的你会怎么做呢？也许你会大发脾气："怎么这么不自觉，不知道该学习了吗？"于是"啪"的一声就强行关闭电视，孩子憋了一脸的委屈："我怎么会有你这样的妈妈！"话音刚落，就摔门而去……

成功的家庭沟通，要求父母孩子双方能够设身处地地为他人着想；关怀不但存在于内心，更要切实付诸行动；尊重孩子的权利，多替孩子着想，尊重他们的意见和选择。

所以父母想让孩子做什么，不想让孩子做什么，可以把自己和孩子放在平等的地位上，多为孩子着想，像朋友一样，一起商量，分析利弊，最后让孩子自己拿主意，这样孩子不仅不会反抗，也感觉不到被命令的屈从，反而会在商量的气氛中感觉自己在长大，有了自己的主见，这时大部分孩子会愉快地采纳父母的建议，而且在这个过程中，孩子也会变得善解人意起来。

父母若想彻底改变孩子的不良习性及给予适当建议时，可以找个适当的时间和机会，在轻松愉快的气氛下，给他讲明道理。这样处理事情会让孩子轻松愉快地接受父母的建议。

第五章 找对学习方法,提高学习能力

❋ 培养孩子的阅读兴趣

有这样一种活动，能够使你增长学问、扩展思路、改变思维、消除寂寞、净化心灵、修身养性、休闲娱乐，这个活动能是什么？

答案就是阅读——大量的阅读。

科学研究表明，孩子的课外阅读文字量要达到课本的四到五倍，才能形成语文能力。如果没有长期的、大量的阅读积累，孩子将最终无法学好语文。

苏联著名的教育家苏霍姆林斯基曾发现七八年级的学生基本都没有解题能力，每一节课都是非常痛苦地熬过来。后来经过观察，他发现这些学生真正缺乏的，不是学习数学、物理、生物这些具体本领，而是阅读理解能力。

于是，苏霍姆林斯基决定从头开始，像是对待一年级的小学生一样培养这些学生的阅读能力。

实验的结果让苏霍姆林斯基异常震惊：他培养这些孩子的阅读能力，用了同样的时间和精力，但事实的结果证明大孩子阅读水平的提高远远比不上小孩子。小孩子好比是一片疏松的沃土，而大孩子就好比是一片板结的盐碱地。错过了最好的教育培养时机，再去培养已经来不及了。

苏霍姆林斯基很是感慨：原来阅读能力的增长与获得，与人的大脑发育过程息息相关。

著名的数学家培根说过："知识就是力量。"著名的文学家高尔基也说过："书籍是人类进步的阶梯。"如果没有阅读，从何处汲取知识的源头活水？又如何了解人类文明的精华？博闻才会强识，课本里的知识是远远不够的，一定要阅读大量的课外书籍才能保证获得足够的信息。

有的家长会担心：孩子现在的课业已经很紧张了，如果再挪出时间来给他阅读，不会使孩子的考试成绩提高，还不如用这些时间给他做一些题目更实际些。

阅读对孩子的影响可以说是深远的，并不是三两天就会看出效果来。有的家长认为阅读耽误时间，甚至会反对孩子看课外书，这是非常错误的。因为学校的学习，尤其是小学，其实是很机械的，小学成绩甚至是初中成绩都不能说明孩子是彻底优秀的。经常阅读的孩子和同龄人相比，想象力更丰富，创造力更活跃，他读的文字能够随着时间的推移而不断地感悟阐发，所以悟性会比那些不阅读的孩子表现得更好，写作的优势也自然会表现出来。很多家长很头疼孩子的作文总是写不好，给孩子买了很多的作文参考书，实际上如果孩子从小有相当的阅读积累，面对任何的作文题目，都会产生联想而很自然地阐发，作文对他们来讲是不费吹灰之力的事。

还有的家长会有疑问：我家的孩子喜欢看漫画，而且一买书都是一套一套的，这样是否就能保证他的阅读能力了呢？

其实不是的，阅读能力的增长一定是靠阅读文字来获得的。现在的社会正处在一个"读图"的时代，对于孩子来说，图画对他的诱惑力会更大一些。而读图与读字的效果有明显的差异。文字是一种抽象的符号，可以刺激孩子语言中枢的发展，而图片并不会起到这样的作用，图片更容易被孩子直观被动地接收，在大脑中不会有转换的过程，所以对智力、能力的开发作用微乎其微。

另外家长还要注意的就是，在给孩子选择课外书的时候选择原著较好。比如古典小说四大名著，很多家长为了方便孩子阅读就选择了白话本或是改编本，这样的书已经完全没有了原著的精彩，无疑是把新鲜的水果做成了果脯，孩子在阅读的过程中无法品尝到作品的原汁原味。

育才方案：培养孩子的阅读兴趣

阅读不能改变命运，却可以改变性格；阅读不能改变人生的起点，却可以改变人生的终点。阅读可以丰富想象、提高对生活的认识、丰富自己的精神世界、更加理性地看待现实问题。所以，家长要重视提高孩子的阅读能力，有意识培养孩子良好的阅读习惯。

1. 首先要建立良好的家庭读书气氛

如果家庭里根本就没有书，孩子怎么会接触到读书呢？如果孩子从来没有接触书，又怎样会爱上读书呢？家长可以到书店挑选一些对孩子阅读有用的书籍，放在孩子能拿得到的地方，方便孩子的阅读。

2. 家长要带头读书

在家中，家长要用尽可能多的时间和孩子一起看书，做孩子的阅读榜样。同时，还可以多和孩子一起交流读书的心得，鼓励孩子把书中的故事情节或具体内容复述出来，如果坚持这样做，就能激发孩子更浓厚的学习兴趣。

身教重于言教，只有热爱读书的家长才能培养出爱读书的孩子。家长要用自己的行为潜移默化地带动孩子的阅读，孩子的读书兴趣上来了，热情高涨了，慢慢地，他们对读书的态度就变成了"我要读"。

3. 不要对孩子的阅读过程管得太死

性格好动、缺乏耐心和持久性是孩子普遍的特点。他们喜欢的阅读方式是一会翻翻这本，一会翻翻那本。对此，家长可以不必过多地管他。通常在这一阶段，只要孩子愿意把一本书拿在手里津津有味地翻看，家长就应该感到心满意足了。这种表现完全符合孩子的早期阅读心理，是孩子在阅读和求知道路上迈开的重要一步。

在孩子的阅读过程中，家长要控制孩子不可以看真正有害的书，其他的书籍只要孩子喜欢，都可以让他来阅读，不可以按照家长的意志对孩子的读物过多地干涉。让孩子享受阅读，这样既培养了他的阅读兴趣，同时也培养了他的个人爱好。

❋ 把图书馆推荐给孩子

无知只会让人显得愚蠢，阅读既是开启男孩心灵智慧的钥匙，也是增长知识的有效方法。从小培养良好的阅读习惯，不仅仅有益于孩童时代的学习进步，更将使个人人生发展终身受益。另外，良好的读书氛围对孩子的成长也很有帮助，很少有见到家长迷恋于电视、麻将的，其孩子会爱读书。就像苏联作家巴甫连柯所说，不读书的家庭，就是精神上残缺的家庭。

一个人是否有读书的习惯，能否体会到"阅读的喜悦"，其人生的深度、广度会有天壤之别。如果你的家中有一屋子书，而你也是爱书之人，相信孩子在耳濡目染下，一定会引起阅读的兴趣，并培养成习惯的。

父母可以将家里的藏书，或父亲、祖父遗留下来的藏书保留好，并将它们放在一个房间的书架上，引导他对书籍的渴求与探索。当家长明确给孩子一间书房，培养他阅读这一习惯后，指导孩子科学地读书，读正确的书也是很重要的。

书海就像一个百花园，随时供给精神营养，使人正确理解生活中的成功和挫折，使春风得意之时更加鼓舞不致忘形，沉闷失落之际重新振作且摆脱沮丧。

除了在家中给孩子一间书房外,父母也可以经常带孩子上书店或参加书展,在观看电视节目时,有意识地引导孩子注意有关新出版儿童读物的广告或信息让孩子自己选购和借阅图书,当畅游在知识的海洋时,他会觉得自己是最幸福充实的人,而书中的各种美好必定成了孩子今后奋斗的目标。

育才方案:把图书馆推荐给孩子

当孩子第一次问出一个你不知道答案的问题时,家长或多或少都会觉得很尴尬。怎样回答孩子才是最恰当的呢?

最好的回答方式就是告诉孩子:你提的问题我还不知道,我带你去个地方,那里可以解决你所有不明白的问题。然后利用这个机会把孩子带到图书馆。

一个人的知识总是有限的,就算家长是个百科专家,也在所难免有不懂的地方。而图书馆就像知识的圣殿,把每个孩子领向未知的神奇世界。阅读带给孩子的是充满睿智的人生。

当父母把图书馆推荐给孩子的时候,也就是把孩子引向知识的宝库的时候。现在的城市并不缺少图书馆,而是缺少有意识利用图书馆的人。作为家长可以鼓励孩子自己去图书馆找答案,既解决了他的问题,也给他以后的疑惑找到了一个好老师,更不用担心他会在街上游荡,在小团体里当阿飞,真是一举多得。

✤ 从爱读书到会读书

在中国古代有一个有趣的历史典故：南北朝时期，有一名叫陆澄的学者，此人博览群书，被称为"硕学"。然而他看的书虽然很多，却无法把握文章的含义，也没有举一反三的能力。后来就有人送给他一个"两脚书橱"的雅号，讽刺那种读书很多却不善于应用的人。

现实社会中的"书橱先生"比比皆是，最常见到的就是那些"书呆子"式的大学生，他们掌握了丰富的理论知识，可以说是"满腹经纶"，却无法与工作或生活实际相结合，由于就业形势紧迫，他们只能"高不成低不就"，处于尴尬的境地。

某银行新招进来一位计算机专业的大学本科毕业生，单位让他负责从事计算机的日常维护和基础管理工作。但是这人不能将自己所学的理论知识与实际工作有效地结合，遇到问题只是在书中找，从来不懂得向老同事、老师傅请教。他总是认为自己学历好，对现在的工作不屑一顾，结果工作五年了连简单的维修都不会。

有人问爱因斯坦："声音在空气中的传播速度是多少？"爱因斯坦说："我永远不会去记在任何一本书中都能读到的东西。"英国曾有一个叫亚克敦的人，一生嗜书如命，家中藏书7万余册。他用毕生的经历不知疲倦地阅读，直到66岁那年去世也没有取得有创造性的成就。这样的人如同一泓清泉流经沙漠，只有吸入，却没有喷出。读书不理解，不应用，相当于吃饭不消化。

在引导孩子读书的过程中，作为家长应该注意的是要关注孩子的读书效率。有些家长有过这样的经历，给孩子买了很多书，孩子也认真在读，但是读过之后却说不出来全书的内容和读后的收获。这就反映出了孩子的阅读是没有效率的。

把书读厚，一句话中可以体味到无穷的含义。把书读薄，把握住要领才能活学活用。读书的过程就是一个先把书读厚再把书读薄的过程。孔子说："学而不思则罔"，在读书的过程中要不断领会深一层的含义，才能把学到的知识转化成智慧和能力。如果读书只是囫囵吞枣，死记硬背又不求甚解，即便是知道的再多，这种知识也是死板和僵化的。

育才方案：让孩子学会读书

语言学家傅佩荣说过：书中的文字是死的，需要在读书的过程中加以理解和欣赏才会变得生动和有活力。读书的过程就好像是在乱石堆中寻找璞玉，并且使这些璞玉发挥光彩。

读书如果只看字面的意思，就会错过很多内含的哲理，家长要让孩子学会正确的读书方法，才不是在做无用功。有的放矢、循序渐进地培养他们良好的阅读习惯，让他们终身受益。

1. 读书要和个人体验相结合

有句话讲得好，"尽信书不如无书"，如果完全相信书中所描述的，那还不如不读书更好。这种说法的用意在于：除鼓励我们读书之外，还不能忽视个人的亲身经验，不能用书本中所说的垄断一切对事物的认知。

2. 培养专心阅读的习惯

家长应该给孩子创造安静的阅读环境，阅读时要避免外界干扰，并且培养孩子养成默读的习惯，避免"小和尚念经，有口无心"。家长还要有意识让孩子带着问题去读书，去思考，在书中找答案。可以在孩子读过一本书之后，让他来复述书的大意，和孩子就某些问题进行讨论，增强孩子读书的目的性和自觉性。

3. 边读边想边动笔

古人说"不动笔墨不读书"，读书的时候伴随着积极的思考，用笔在书上圈一圈、画一画，随时记下自己的想法，能收到更好的效果。在读书的过程中随着动手和动脑，更有助于抓住全书的重点，深入理解，加深记忆。在读书的时候做摘录、记笔记，对于积累知识、丰富语言和活跃思想都十分有利。

4. 借助工具书阅读

工具书是不说话的老师，孩子在课外阅读的时候遇到不认识的字或是不明白的词，查阅工具书是最好的途径。因此，家长要重视培养孩子使用工具书的习惯，面对孩子提出的某些问题，自己又不是很清楚，应及时引导孩子到工具书中去找答案。

❇ 和孩子一起学习，共同进步

现在的家长都非常重视孩子的英文学习，从上幼儿园开始就给孩子报双语辅导班。然而有很多家长，从来没有重视过文言文的学习，认为古文这些东西已经是非常过时了的，在社会上没有什么实际作用，更由于中国的历史自五四以来，胡适等人提倡新文学，将文言文打入了冷宫，使古文的这些精粹被打上了"迂腐无用"的标记，实际上这样的认识是大错而特错的。

孩子小时候的学习，最重要的是吸收能力，像海绵一样，把有用的东西都装在头脑里。多让孩子接触中国历经千年的古文精华，可以让他们感受到古文的美感。另外，儿童时期是记忆的黄金时期，这时背诵过的古文古诗，可以牢记在心。

有的家长会怀疑：孩子毕竟很小，古文的内容又很深奥，读了背了却不理解，那不是白背了吗？实际上，孩子在背的时候不理解是肯定的，我们也不需要他来理解，只要让孩子感受到语言的美感，能够体会到读诵的愉悦感，能够深深记在脑子里就足够了。孩子将来有一天是会长大的，他会用几十年的人生阅历来弄懂小时候背的这些东西，随着他将来经历的增加，理解也就越深刻。

育才方案：带领孩子一起诵读经典

中国的文字原本就蕴含着艺术美，周作人先生说，中国文字具有游戏性、装饰性与音乐性的特点。让孩子大量地背诵古文中的经典，而不是让孩子把时间浪费在一些平庸之作上，经典的摄受力内化于人的内心，陶冶他们的人格，有助于建立正确的认知，陶冶良好情操。

教孩子读古文最好的方法就是诵读，把诵读古诗当作唱歌，体会到其中的韵律感就好。讲解一定要简单，简要解释一下这篇文章的意思，将重点的词解释一下就行了。对美好的句子还可以再反复品味。

可以在学习中体会到，朗读和背诵仍然是学习古文古诗词最经典的方法。经典的古文有益于人格智慧的培养，有益于提高对文学造诣的训练。让孩子从小就接触最有价值的书，不管文章的难易程度，让孩子多念以至多朗诵背诵。这样的学习不仅不会给人造成压力，而且潜移默化地影响孩子的思维和行为，陶冶性情。孩子的这种学习看似是"有口无心"，其实在没有压力的前提下轻松达到了文化教育的目的。

近年来的脑神经研究已经有了相当的突破，研究认为，理解力基本是左脑的活动，潜在层次的活动就在右脑。背诵记忆不仅不妨害理解力，而且会促进理解力的发展。而具有旋律和韵律的背诵不仅可以增强理解力，而且会加强背诵的效果，并投入内心的深处。孩子在念古文的过程中，不仅能够体会到音韵的美感，同时还可以通过文字的视觉来刺激右脑，而辨别字体是左脑的工作。所以整个的诵读过程实际上是动用了左右脑的功能，使左右脑的开发同步。在学习过程中，如果左右脑是同时作用的话，学习效率将提高2到5倍。因此，诵读文章、背古文古诗的作用不仅是陶冶情操，增强文化底蕴，还可以开发智力。

现在有很多的西方学家也开始注意到了中国传统背诵教育法的优点，瑞典汉学家高本汉说："中国学生即使在低年级里，必须背诵几种大部的经典，并须熟记历代名家所作几百篇的文章和几百首的诗歌。结果，对古代的历史和文学，又产生一种崇敬的心理，这实在是中国人的一种特色。这种积累起来的大资产以供中国作家任意地使用，在文辞上自然能得到有效的结果。"

❋ 养成勤于思考的习惯

国外有教学研究的统计资料表明：学生学习成绩的好坏，20%与智力因素有关，80%与非智力因素有关。学习成绩优良的学生不一定是最聪明的，但一定是最会学习的。

有的家长对自己的孩子很犯愁："我的孩子每天晚上到家吃过饭就学习，每天都看书到12点，可是学习成绩还是没有提高。我们无法催促他学习，因为每天他就是一直在学习，为什么学习成绩不能提高呢？"

读书要"心到、口到、眼到"，这是古人总结出来的读书经验。养成了良好的读书习惯，会对学生的学习、工作和生活产生深远的影响。家长有责任采取多种措施，营造好的读书环境，培养孩子正确的读书习惯，才能达到最好的学习效果。

第一，引导孩子养成不动笔墨不读书的习惯。自学时要用符号在书上进行"圈、点、勾、画、批"，在读书的过程中将重点的句子或资料进行摘抄，还要鼓励孩子经常写一写读书体会。

春秋时期的大教育家孔子就有"韦编三绝"的典故。孔子在晚年的时候读《易经》，由于翻看得很频繁，在书简上反复标记，反复回味，以至于将穿书简用的绳子都磨断了，其用功程度可见一斑。

第二，口到、眼到、心到，在这"三到"中，最关键的是"心到"。只有专心，眼到和口到才能发挥作用。如果不专心，任凭用什么样的学习方法，都将无济于事。

第三，养成善于自我提问题的习惯。有的学生往往自学时提不出问题，但是提不出问题并不意味着没有问题，能提出有价值的问题，是心到的结果，是理解问题的前提。

第四，"非思不问"的习惯。善于提问要建立在多思的基础上。学问二字，"问"放在"学"的下面。这里所说的"学"，是指独立思考。有人提出"五不问"，即：已学过的基础知识未经复习不问；教科书或主要参考书没看过不问；老师问的问题未经思考不问；找不到自己问题的关键不问；提不出自己的思路和看法不问。

第五，"不耻下问"的习惯。

第六，利用工具书的习惯。

育才方案：引导孩子养成勤于思考的习惯

"子曰：学而不思则罔，思而不学则殆。"给孩子思考的机会，让他学会思考，具有思考的好习惯，将会促进他更用心地学习。

家长要寻找促进孩子思考的机会，让孩子进入思考问题的状态。

如果孩子不想思考，也不愿意思考，那么就会变得很可怕。因为孩子的大脑正处于发育阶段，不经常使用大脑的人精神发育肯定比正常人迟缓，这是众所周知的。

为了让孩子养成经常用自己的头脑去思考问题的习惯，在说"好好想想""努力"之前，首先让孩子自己认识到思考的意义很重要。与父母强迫孩子在学校获得好成绩相比，孩子希望认字，希望能够阅读电视节目表，这对于孩子来说更实际得多。孩子能够自己确定这样更具体的实际目标，才能产生想要认定的热情。由父母一方施加的目标，就很有可能使孩子忘掉思考的重要性。

✤ 把学习运用到生活中

小孩都喜欢玩游戏，选择孩子喜欢的游戏，通过反复让孩子练习来增长其能力，这是教育中的一条重要捷径。

游戏似乎与"教育"这个词没有多大联系。一说教育往往认为是让孩子做些不太喜欢的事。真正的教育的核心内容不是让孩子做不喜欢的事，而是以"喜欢的游戏"来培养孩子的能力。这种教育方法绝不是"光玩不培养能力"。

如果父母总摆出一副严肃的"教育"架势，孩子心里紧张就不可避免。如果能激发孩子对接受教育的兴趣，孩子的能力就会不断地得到提高。

开发孩子的智力，首先要使孩子感兴趣，并采用使他们快乐的形式进行。从这种观点出发，家长就要重新探讨今天的孩子所喜欢的游戏了。

有一个孩子，虽然还是幼儿，却几乎已经知道了车的各种型号，令周围的人非常吃惊。当然，这并不是父母强迫其学习的。父母带他驾车去旅行时，孩子在车里感到无聊而哭闹。于是，母亲就与其一起进行"押宝"游戏，让他猜遇到的车的种类和颜色等，使其不知不觉地掌握了"专业"知识。

孩子们能在娱乐中做事，从另一个角度来看，这也是孩子主动性得到充分发挥的表现。多湖辉认为这种学习的主动性尤为重要。我们在学习中真正学到的东西，都是从自己主动地想学开始的。

只要家长在孩子娱乐的时候，稍微动脑想办法，做一些努力，把理论基础知识融于娱乐之中，单纯的玩耍也会变成使大脑变聪明的工具，可以说父母的义务就是掌握这种方法。

育才方案：为孩子创造参与活动的机会

事实上现在有很多欧洲国家，以及日本、韩国，角色扮演这类活动是学习的重点,很多家长都必须为孩子准备好表演的道具,有时候家长也必须到学校去参加各种表演。

如果谁的家长没有去,校方就会认为家长不支持教育,孩子也会因此而感到自卑,在同学面前抬不起头。

也许有的家长会觉得这种角色扮演的做法比较可笑,在成年人的眼中,很多事情都没意思、太可笑,但在孩子的眼里,恰恰是那些游戏最能带给他们快乐。我们可以给孩子提供多种角色扮演的机会,比如配合历史课本,和孩子一起扮演大禹治水的故事;还可配合政治课老师所讲的内容,和孩子一起开展一场模拟法庭,让孩子当一次"小法官",将会使孩子对所学的知识记忆深刻。角色扮演的学习方法可以使孩子增加学习的兴趣,还能活跃家庭的氛围。如果有机会带上孩子一起参加展览会、户外郊游等活动,所到之处都能给孩子留下深刻记忆,父母可以根据路上的所见所闻为孩子介绍相关的小知识,孩子一定会为自己的"大开眼界"而兴奋。

❖ 帮孩子改掉磨蹭的毛病

作为孩子的父母,要让孩子懂得,生命是由时间积累而成的,谁将该做的事无端地向后拖延,谁就会无端地浪费生命;谁重视时间,时间就对谁慷慨;谁会利用时间,时间就会服服帖帖地为谁服务。

孩子做事拖拉一般表现在：因怕困难而把艰巨的任务、麻烦的事情拖到最后办理，或寻找借口一拖再拖；一般不善于整理环境，卧室、写字桌上乱七八糟；缺乏进取精神，不愿改变环境，不愿接受新任务；老是不肯做作业，一直拖到每天的最后一刻，甚至点灯熬油开夜车；遇到棘手的事或考试，就装生病、找借口，企图回避；无论遇到什么事情都怨天尤人，从不从自身寻找原因；说起来一套一套的，想法很多，但从来不去付诸实施……

如果孩子在中学时期还没有克服掉这种毛病，就有可能形成懒惰的性格，在碌碌无为中度过平庸的一生。父母教育孩子，一定要注意帮他们改掉这一陋习。孩子吃饭做事慢吞吞的，最容易令父母心急。早晨时间有限，看着他从起床、吃饭到准备上学，样样拖拖拉拉，三催四请还是慢吞吞的，让你忍不住拉开嗓门责备他。结果大人光火了，孩子依旧站在那儿发愣，坐在那儿发呆。

当心你的气急败坏造成错误的身教，孩子长大后会变得跟你一样脾气不好。另一方面，孩子的挫折感和当时的惊吓，也会带来更多的抑郁和适应上的困难。

对于孩子的拖拉，建议父母给孩子规定一个时间，让他限时完成。同时，父母还可以为孩子准备一个记事本，将要做的事情按重要顺序分类，养成孩子做事有条不紊的习惯。为了去除孩子对父母的依赖心理，让他自己承担做事拖拉的后果。比如要出门，提醒他要准备妥当。

育才方案：给孩子规定写作业的时间

对孩子来说，家庭作业无疑像一场战争。有的孩子写作业总是磨磨蹭蹭，原本半小时就可以完成的作业要拖到两小时完成。作业做得不好，孩子要挨批，家长看着也生气。学校开始实施家长签名制之后，每天给孩子的作业签字，也成了妈妈们的一项作业。怎样愉快地完成这个作业呢？这是很多家长都好奇又觉得无望的一个问题。

想要让孩子爱上写作业很难，但是想要让孩子自觉地做作业，不推三阻四，不敷衍塞责，还是有办法的。那就是让他自己选择做作业的时间，划清玩的时间和学的时间，保证让孩子专心地学又能痛快地玩，这一点很重要。

可能有的妈妈会担心：让孩子自己选时间，他们肯定会选越晚越好，能拖就拖。其实这是不信任孩子的表现，在你放下权力的时候，孩子能感受到你对他的信任，这其实是在强化"作业必须做"的意识，他们自己去选择时间，自然就会按照那个时间来做。

✿ 一起旅行，让孩子感受自然

扩大孩子的认识领域和生活空间，让他们亲近自然，是陶冶孩子爱美胸怀的一条重要途径。从某种意义上讲，儿童本身就是天然的童话大师。他们富于幻想，对新奇事物充满好奇与探究欲望，他们的游戏也时时显示着童话的色彩。

但是，爱子心切的家长却给孩子布置了那么多的时间安排，诸多烦忧便接踵而来。作业如山，让孩子们失去了对知识本身追求的乐趣；双休日，也难逃厄运，经常可以看到他们或提小提琴，或背画夹，在父母的带领下，穿行于大街小巷，给予孩子们户外活动的时间少得可怜。

孩子们身上所表现出来的感悟、体验能力下降、情感漠然，已成为当今儿童的"综合征"。所以让孩子到大自然中去，学会充满幻想，心底留存美好，心灵得到润泽，精神得到提升，这是孩子们所需要的生活，更是父母和老师极力要为孩子们营造的生活。

到大自然中成长，也是近代著名教育家们的共识。撰写《俗物与天才》的教育家塞德兹就提倡把孩子放到大自然中；斯特纳夫人也说"大自然"是最好的老师，并专门提出"大自然教育法"；洛克也把大自然当成自己全面教育的试验田，在里面积极开发孩子的各种潜能。

父母要引导孩子领略大自然的美，使他从兴奋、愉快这些单纯的情感发展到高级情感——美感，并产生热爱大自然、热爱家乡、热爱国家的高尚情感，以及要用自己的创造性工作表现这种大自然之美的欲望。

在此期间，为了帮助孩子领会和欣赏自然美，父母在引导孩子欣赏自然景色时，要边看边指点，边走边讲。如有必要，还可以停下来观赏，让孩子仔细体验，使大自然中一切美好的东西都映入他的眼睑，留在他的心灵深处。在孩子观赏自然风光时，可以用简练的语言向孩子仔细描述景色，也可以用儿歌来启发孩子的情感，使艺术语言和眼前的风光景致融合在一起，进一步启发孩子的灵感与想象，加深对大自然之美的体验，把他的思想感情带到优美的境界中去。

育才方案：让孩子感受自然、欣赏自然

让孩子接触大自然，不仅可使他身体健壮，而且他的精神也会旺盛起来。不少年轻的家长认为对孩子进行智力开发，就要让孩子多写、多算、多练，殊不知这样一来，也就使孩子逐步疏远了大自然，从而失去了一位可以启迪孩子心灵的好老师。大自然是一个丰富多彩的物质世界，认识自然是孩子常识教育的一个重要方面，大自然是孩子智慧的源泉，这所蓝天下的学校是孩子学习成长的最好课堂。它的千姿百态、无穷的变化，吸引着富有好奇心的孩子。只要家长能有意识地引导孩子学会观察，就会打开他向自然求索知识的心扉。

用手轻轻地抚摸稻穗，用鼻子去闻闻稻谷发出的清香，与稻子比比高低，让孩子去发现身边事物的魅力。在培养孩子的观察和分析能力时要引导他从整体到局部，有顺序地进行观察。比如，观察桃树时，先让孩子对桃树的特征有一个较为完整的认识，然后再分别观察它的每一部分的特征，树干、树叶、树枝是怎样的，花朵有几个瓣，闻一闻桃花的香味等。孩子有了运用多种感官的机会，视野开阔了，思维也会活跃起来。

❀ 与其关注成绩，不如关注学习能力

现在中国家庭父母对子女的教育，大都仍处于分数教育。孩子考了高分，父母荣耀。似乎高分就意味着真正的优秀和远大的前程。

分数不是衡量孩子能力的唯一标准。考试是检验孩子学习情况的一种手段，它是一项比较单一的检测。这基本上是对孩子学到的书本知识的抽查，分数永远只是个形式和手段。它不能证明孩子真正学到了多少知识，也不能证明一个孩子的品格与才能如何。它不是衡量孩子聪明与否的唯一标准。

分数也并不能完全真实地反映一个孩子的能力。有很多孩子平时学习特别好，各方面能力也不错，但是一考试就考砸了。还有一些孩子，平时小测验没问题，但是到了升学考试这样的关键时刻，就发挥失常。这就是一个心理素质问题，考试怯场，就无法发挥自己的正常水平。

对于中小学生而言，两个方面的教育很重要：一个是培养孩子学习的兴趣，一个是教孩子掌握良好的学习方法。做到这两点，孩子的学习成绩自然会好起来。

基于此，家长应该对分数先有个正确认识，明白了分数所

代表的意义,我们就不会把分数作为衡量孩子的标准。当孩子的成绩出现滑坡的时候,家长要给予及时的安慰和鼓励,目的在于保护孩子的学习兴趣,这一点才是最重要的,如果家长用刻薄的话把孩子打入冷宫,他也不再会对求知充满热情。同理,如果孩子的成绩在班上总是遥遥领先,我们家长要注意防止滋生骄傲情绪,这时可以给孩子讲一讲更优秀的例子,让他明白他只不过是在一个小圈子里比较优秀而已。孩子能用一颗平常心来积极地向学,这是作为家长要达到的目的。

现在社会上,有成就的人并不都是有良好的学历背景。不是说文化知识不重要,而是说,我们不能忽略了孩子的全面发展。除了分数,家长更要关注孩子的品德修养、性情习惯以及他解决问题的能力。

不少父母过多关心孩子学习,只要考出好成绩,什么要求都答应,什么愿望都满足。品德低下却不被关注,这样的教育理念、方式令人忧虑。

作为家长,引导与帮助孩子提高学习成绩,是应尽的义务。家长重视孩子的考试分数是可以理解的,因为分数毕竟是学习状况的一种重要反映。但是,分数只是一个现象,家长应该动脑筋分析分数背后的诸多原因。

育才方案:应该更加关注孩子的学习能力

人生是一条漫长的学习之路。据专家分析:在农业时代,一个人只要7至14岁接受教育，就足以应付往后40年生活之需；在工业时代，求学时间延伸为5至22岁；而在目前的知识经济时代，由于科技急速发展，每个人必须随时接受最新的教育。要在这个社会中成功，不只靠一张名牌大学的文凭，而取决于不断持续的终身学习能力。

事实证明，学习能力是决定孩子能否成为优秀人才的决定因素。学习型组织的倡导者、《第五项修炼》的作者彼德·圣吉说过：因为未来唯一持久的优势，是有能力比你的竞争对手学习得更快。为了让我们的孩子在未来社会立于一席之地，家长有责任培养孩子一生受用的学习能力，并着力培养孩子学习的浓厚兴趣。教育应该从教孩子接受知识，转向教导孩子全方位地学习，以满足终生学习和成长的需要。在注重孩子学业成绩的同时，家长更应关注全面培养孩子的学习能力，让孩子享受学习的快乐，拥有成功的学习经验。

✤ 不懂的问题及时提问

孩子在学习的过程中，经常会遇到类似的事情，有时会遇到不懂的问题，想着要请教别人的，结果一不小心忘记了，这样就会失去一次学习的机会。

当发现孩子在学习的过程中，遇到了疑惑没有办法解决，就应该告诉他要想着随时请教别人。如果遇到问题不能及时处理，以后积累的问题就会越来越多。

贾逵是东汉时期的经学家、天文学家，自小聪明伶俐，喜爱读书。但是他的家境不好，买不起纸和笔。所以贾逵读书时，一遇到好的文章或者是好的句子，就将这些内容刻在家里的门扇、屏风和自己制作的竹简、木片上，然后有机会找人请教。就这样一边读，一边记录。随着不断地学习，他的学识越来越丰富，同他接触过的人都说他是当今的奇才，无人能同他相比。

家长可以送给孩子一个小便签本，鼓励孩子把学习上的疑问随时记录下来，以免以后又忘了。因为如果时间长了，当有机会向老师或同学请教时，可能这时连问题都提不出来了。还有在学习过程中会遇到不好记住的知识点，也可以利用小小的便签本来帮助强化记忆。

不仅如此，当孩子随时能够记录下来自己的疑问和学习任务的时候，说明他已经懂得要为自己的学习负责了。

有一位父亲发现孩子总是回家给同学打电话询问作业，就开始追问女儿。女儿说："我在课上的时候没有记下来，要打电话问同学，才知道今天应该做哪些。"父亲立即禁止，他说："不允许！你今天该做什么作业你都记不下来，说明你连起码的责任心都没有，你回到家才想到要向同学打听今天要做哪些作业，这是什么学习态度呢？你要记住，学习是自己的事情，绝对不能倚靠别人。"所以这位父亲宁可自己的孩子转天到学校被处罚，也不允许她再打电话问同学。这个孩子经过了父亲的一番教诲，以后，每天应该做什么作业，她都在课堂上记得清清楚楚，再也不会打电话问同学了。

当孩子养成了良好的学习习惯，也就具备了良好的学习素质，懂得了正确的学习方法，学习的效率就会提高很多。

育才方案：向孩子请教问题

当孩子在家学习的时候，如果家长总是以指导者的身份出现，告诉他哪个对哪个错，孩子的心里就总是忐忑不安的。如果家长能以求学者的姿态虚心向孩子求教，孩子的自信心反而会高起来了。

这种与孩子互动的方式其实是在减轻孩子的心理负担。孩子一直处于一个被安排、被教育的地位，很容易产生厌倦情绪，如果不及时疏导，就会积累成厌学、偷懒的坏毛病。家长以一个求教者的身份来接近孩子，孩子的情绪就会适当排解。

✿ 学会珍惜时间，利用好每一分钟

有一位家长抱怨自己的孩子：7岁的女儿做起事来就像是电影中的慢镜头，每个过程都会分成好多的细节，做事总是喜欢磨磨蹭蹭。晚上刷牙洗脸会把卫生间里的东西玩个遍。看她做事那样的磨蹭，真是让人着急。

相比于大人，一般小孩子比较不容易有时间的观念。家长一天的工作非常劳累，会深刻地感受到时间的宝贵，希望抓紧忙完自己的事情，有更多的时间来陪伴家人和休息。但是在孩子的头脑中往往没有这样的概念，他认为按照自己的习惯做事是很自然的事情，也不会刻意去抓紧时间，提高速度，于是在家长眼中成了磨蹭的孩子。

作为家长，应该引导孩子珍惜时间，把时间放在最有用的事情上，而不是荒废掉。这时家长的及时引导就非常的重要了。

有一次，一个小男孩在外面玩了一天直到晚上才回家，这时才发现自己还没有写作业。父亲观察到教育的机会来了，就把小孩子叫过来对他讲："你今天的时间都浪费掉了。我来帮你算一下有多少时间容得你这样浪费。"

父亲拿过来一根木条，告诉孩子："好比这是你的一生，假定有八十年，一共你所有的时间加在一起就这么多。但是你每天有三分之一的时间需要睡眠，所以这一段的时间都不能用。"说着，这位父亲拿锯子锯掉了木条的三分之一。

接着，父亲告诉他："孩子，在你小的时候，什么事情还都不懂，所以这段时间你什么都做不了；还有，当你将来老的时候，你会年老体衰，想做事情也有心无力了，所以，这段时间也不能要。"说罢，父亲又拿锯子锯掉了一块木条。

小男孩惊讶地看着父亲的举动，发现自己的时间原来这么少。他对父亲说:"我懂了。"

父亲没有理会他:"不,你不懂。今天我不和你讲清楚,你不会明白。你从小到大,不知道要生多少病,这又会耽误你很多时间。"说着,父亲又锯下了一块木条。

原本一根很长的木条只剩下很短的一块,父亲语重心长地告诉孩子:"你看,你真正有多少时间是在做真正有用的事情,请你好好反思。"

孩子真的明白了,从此以后就不再浪费时间。

这位家长和孩子算了一笔"细账",相信如果父母都这样把道理讲清楚,孩子都会多少感到时间的紧迫,会了解珍惜时间的必要性。

育才方案:让孩子利用好每一分钟

有很多人之所以优秀,在于他们会很好地利用每一分钟,在于他们是一个珍惜时间的人。富兰克林曾经说过:"你珍惜生命吗?那么就请珍惜时间吧,因为生命是由时间累积起来的。"

有很多伟人、名人视时间为生命,对时间无比珍惜,他们的成功是由于他们在有限的时间里做出了超出常人的努力。时间对每个人都是平等的,谁有紧迫感,谁珍惜时间,谁勤奋,谁就可以得到时间老人的奖赏。父母在教育孩子的过程中,需要树立孩子珍惜时间的意识。教会他们生活要统筹时间,在有限的时间里取得更高的学习、生活效率!

所以，从现在开始，父母要告诉孩子抓住身边的分分秒秒，养成珍惜时间的好习惯。如何在生活中让孩子养成珍惜时间的习惯呢？这就需要家长告诉他们要学会合理规划时间。合理规划时间应当注意以下两点：

第一，要善于有效分配时间。

千万不要平均分配时间。应该把你有限的时间集中到处理最重要的事情上，不可以每一样工作都去做，要机智而勇敢地拒绝不必要的事和次要的事。一件事情发生了，开始就要问：这件事情值不值得去做？千万不能碰到什么事都做，更不可以因为"反正我没闲着，没有偷懒"，就心安理得。

第二，要学会处理两类时间。

对于每一个人来说，存在着两类时间：一类是属于自己控制的时间，称作"自由时间"；另一类是属于对他人他事的反应的时间，不由自己支配，称作"应对时间"。

两类时间都客观存在，都是必要的。没有"自由时间"，便完全处于被动、应付状态，不能自己支配时间，不是一名有效的领导者。但是，要完全控制自己的时间在客观上也是不可能的。没有"应对时间"，只有"自由时间"，实际上也就侵犯了别人的时间。因为个人的完全自由必然会造成他人的不自由。

在教育孩子珍惜时间的时候，不仅仅是要让他们学会利用好每一分钟，还要让他们改掉拖拉的毛病，养成立即行动的习惯。那些懒惰的人最喜欢给自己找借口，他们最重要的特征之一就是拖沓，把今天的事情拖到明天，明天的事情又拖到后天，可能还要一直拖下去。这种错过太阳又错过星星的习惯，会消磨人的意志，使人怀疑自己的行为、毅力和目标，最终将会跟优秀无缘。

第六章 耐心点,每个孩子都有无限潜能

❖ 挖掘和引导孩子的天赋

俗话说,孩子都是自己的好,但真的让家长说出自己的孩子到底有哪些过人之处,许多家长却说不出个所以然来。

被称为"钢琴诗人"的肖邦,父母都是音乐爱好者。肖邦自幼就受双亲的影响,对音乐特别感兴趣。开始,父母并不想让肖邦去学音乐,但小肖邦听不到音乐就哭,刚4岁就要姐姐教他钢琴,父母意识到这孩子有音乐的天赋。因此,在肖邦4岁时,父母就让他正式从师学习钢琴。小肖邦学得很快,很投入,成了一名音乐神童。19岁肖邦就创作了《钢琴协奏曲》而一鸣惊人。

如何发现孩子的天赋是每个家长都关心的问题。科学家认为,事实上,每个孩子都有自己的特长、天赋,关键在于是否表露出来。家长们平时可以从以下几个方面细心观察孩子。

1. 孩子是否善于背诵较长的诗句篇章?当你第二次给孩子讲述同一个故事时,如果不小心说错某一个地方,孩子是否能立刻察觉?当你带孩子走街串巷时,孩子是否能指出曾经到过的地方?

如果一些类似问题你都答"是",说明你的孩子记忆力相当不错,在语言方面应该有一定天赋。

2.孩子是否一听到音乐就会跟着翩翩起舞或小声哼唱?孩子的日常举止动作是否优美协调?孩子是否能很快学会骑自行车、滑板车之类?

答"是"的家长可以相信,孩子有一定的音乐天分,平衡能力也相当不错,音乐、舞蹈或武术也许是发挥他的长处的地方。

3.当孩子在玩玩具时,你是否发现他会自动按颜色大小分类?当孩子开始涂鸦时,你是否观察到孩子对色彩有鲜明的喜好,喜欢用鲜艳的色彩涂色?

这些都说明他很可能在绘画方面会有所发展。

其实只要注意观察,家长都能发现孩子在某一方面的优势。世界上从来就没有一无是处的孩子,上天在关上一扇门的同时,也会为我们打开另一扇窗户。有一句老话叫作:世界不是缺少美,而是缺少发现美的眼睛。我们同样可以说,不是孩子缺少天赋,而是家长缺少发现孩子天赋的眼睛。

居里夫人对两个女儿的教育更是刻意发掘天赋的成功范例。在孩子刚学说话时,居里夫人就开始对她俩进行了探索性的发掘。女儿刚上小学,居里夫人便让她俩每天放学后在家里进行1小时智力活动,以便进一步发掘其天赋。当她们进入赛维尼埃中学后,居里夫人让女儿每天再补一节"特殊教育课"——在索尔本的实验室里,分别请老师教给她们化学、数学、文学和历史、雕塑和绘画、4门外语和自然科学，而每星期四下午在巴黎市理化学校里，由居里夫人教女儿物理学。

经过2年"特殊教育课"的观察鉴别后，她发现：大女儿伊雷娜性格文静、朴实、专注和自然，着迷于物理和化学，明确自己的使命是要当科学家并研究镭，这些正是科学家所具备的素质。小女儿艾芙性格活跃、充满幻想、情绪多变，居里夫人先培养她学医，再引导她研究镭，又激励她从事自然科学，可她对科学不感兴趣，艾芙的天赋是文艺。

多年后，居里夫人的大女儿伊雷娜·居里因"新放射性元素的合成"荣获诺贝尔化学奖，而小女儿艾芙·居里也成为一位优秀的音乐教育家和人物传记作家。

倘若每一个做父母的都能像肖邦的父母和居里夫人那样，迅速及时捕捉住孩子的天赋，顺势引导，就能为孩子成才打开通道。

育才方案：挖掘和引导孩子的天赋

比发现孩子天赋更重要的，是挖掘和引导。常见一些家长牵强附会，自以为是，任意夸大孩子的特点，并沾沾自喜。其实《伤仲永》的故事大家都耳熟能详了，发现孩子的天赋并不难，难的是将天赋变成实实在在的能力。这里面，有几个要点值得重视。

1.要抓住培养孩子的最佳年龄。科学家研究发现，孩子在各方面的发展都有一个最佳期，抓住了最佳期，就等于把握了良好的开端。

一般来说，3岁是训练外语口语的最佳期，4～5岁时训练书面语言最佳，5岁则是掌握数字概念的最佳期，而3～5岁对于具有音乐才能的孩子来说，是音乐入门的好时机。重视最佳期，及时给予正确引导，往往能起到事半功倍的效果。

2.家长应端正心态，挖掘孩子天赋最忌拔苗助长。一定要从孩子实际出发，根据孩子的年龄和心理特点提出切实可行的计划，并加以实施，循序渐进，持之以恒。

3.培养孩子应该是全方位的，这其中，非智力因素即现在常说的情商，也是促进天赋朝能力转化不可忽视的环节。有些家长一味重视开发孩子的智力，却忽视了非智力因素的培养。其实，非智力因素包括性格、情感、意志、品德等，对孩子的智力开发同样起着重要的作用。一个健全的孩子首先应该拥有健康的人格，其次才能谈到"天才"二字。显然，如果一个钢琴天才却有着畸形的心理，同样是不可取的。

❀ 多加鼓励，发掘孩子的潜能

卡尔·威特是19世纪德国的一个著名天才，他在9岁时就能自由运用德语、法语、意大利语、拉丁语、英语和希腊语这六国语言。他的父亲老威特是一位非常有创造性的乡村教师，他总结自己的教育经验，就是要注意开发孩子的潜能，并且让孩子越早越好地接受教育。

小威特刚出生的那几天，全家人都陷入一种苦恼和不安的氛围之中。因为这是个不折不扣的弱智儿童。

不过老威特却说："虽然我现在无法改变他是弱智儿的事实，但我能将他现有的潜能发挥到极点。尽管威特现在没有别的孩子聪明，但总有一天他会超过其他的孩子。因为即使是天生聪明的孩子，在出生时有很好的起点，但如果得不到正确的培养也不可能充分发挥其潜能，那么他终究也不会成才。我们的小威特虽然现在的起点很低，但如果得到了合理的教育，他的潜力一定会充分发挥出来，最终会超过其他的孩子，超过所有人，他一定会成为德国最优秀的人才。"

正如老威特所言，他用自己独特的教育理念把这个弱智儿童培养成为举世瞩目的神童。

根据心理、生物、生理学等学科的研究，人天生就具有一种特殊的能力。只是这种能力表面上是看不出来的，它是一种隐藏在我们体内的能力，我们把这种神秘的能力称为潜能。

充分发挥儿童的潜能是卡尔·威特教育法的目的，这也是老威特的教育理想。他认为世上天才不多的原因就是没有对儿童进行适当的教育以至于孩子的潜在能力得不到充分的发挥。如果能尽早地挖掘诱导孩子发挥出这种潜能，也许就能培养出伟大的天才了。

需要引起家长特别注意的是，儿童虽然具备潜在能力，但这种潜在能力不是一成不变的，而是遵循一定的规则在变化。比如说生来具备 100 度潜在能力的儿童，如果从一生下来就给他进行理想的教育，那么就可能成为一个具备 100 度能力的成人。如果从 5 岁开始教育，即便是教育得非常出色，那也只能成为具备 80 度能力的成人。而如果从 10 岁开始教育的话，教育得再好，也只能达到具备 60 度能力的成人。这就是说，教育开始得越晚，儿童的能力实现就越少。这就是为后人熟知的著名的儿童潜能递减法则。

育才方案：潜能训练从五官开始

婴儿时期的一切能力，如果不利用与开发，就永远也不会得到发展。因此，家长应该注意在孩子幼小的时候训练他的五官、刺激大脑发育。因为听觉、视觉、味觉、嗅觉、触觉，是人类感知外部世界的生理基础。充分刺激孩子的感觉器官，能够促使大脑的各部分积极活动。如果孩子大脑的各个功能区都能发挥出最大效能，就会成为一个聪明伶俐的人。

在五官中，首先要发展耳朵的听力，因为婴儿的听力比视力发展得要早。父母训练孩子听力时，可以朗读一些著名的诗歌给他听，并且随着语调的变化，孩子的反应也在变化。

有效地训练眼睛，也是开发孩子智力的重要一步。可以给孩子买来一些色彩鲜艳的玩具来刺激他的视觉。父母还可以给孩子买来蜡笔，训练他画图，用这种方法来增长他的智慧。

满月之后的孩子可以训练他来爬行，父母一定尽早地让孩子学会爬行，因为俯身的姿势是最适合婴儿活动的姿势。婴儿在爬行时颈部肌肉发育快，头抬得高，可以自由地看周围的东西，受到各种刺激的机会也增多了，这就会大大促使大脑发育，使孩子变得聪明。

在孩子说第一句话的时候，无论他的发音是否符合标准，作为父母在高兴之余还要意识到这时应该教孩子说话了，建议父母这时在做什么事情的时候要和孩子"念叨念叨"，告诉孩子自己正在做什么，训练他的听说能力。这样"从身边的实物开始"是教孩子说话的最好方法。

❋ 训练孩子的观察力

我们的社会为什么会不断地进步，就在于人会思考，而思考就来自于细心的观察。

当我们看到一艘汽船、一间蒸汽磨坊、一辆蒸汽火车，请记住，如果没有细心的观察，它们是绝对不会出现的。告诉孩子只要细心观察身边发生的事情，一定会有许多惊讶的发现。

观察力是人们认识客观事物或现象的基本能力，观察力是智力的基础。观察力强，就能使孩子有能力获得丰富的素材，获得真实的感受和正确的认识。如果有素材，孩子说话就有根据，空话、假话、废话就少，判断问题的正确性相应地提高。反之，观察力弱，尽管瞪大眼睛去看，所见到的东西却不一定多，有时还出现错误。所以人们常说"善观察者，可见常人所未见；不善观察者，入宝山空手而回"。所以培养孩子的观察力是非常重要的，是智慧的起点。

敏感的家长应该从孩子以下的行为中判断，孩子是如何进行观察的。

1. 观察有很强的主动性

这类儿童观察主动、自觉，对于需要观察的内容，他们会注意力高度集中地去完成观察任务，不需要家长或教师的指点和催促，而且在观察时不易受其他事情的干扰，能够专心致志。

2. 观察有明确的目的性

这类儿童一般观察前都经过一番思考，对观察的内容有一定的自我感觉。如能带着问题观察，而不是盲目地凭兴趣观察，常会有超出常人的发现和顿悟。

3. 观察敏锐，分清观察的主次，看透事物的本质

这类儿童能在观察中分清问题的主次，有的放矢地对问题进行观察。更重要的是他们还能很快地发现事物之间的联系，透过事物的现象看到本质，真正做到既观察事物的详细外在特征又发现事物的内在规律。

育才方案：帮助孩子提高观察的能力

既然已经知道了观察能力的重要性，可以从以下几个方面着手来培养孩子。

1. 要有明确的观察目的。在确定了观察对象之后，要鼓励孩子留心观察到底，不要轻易地转移目标。例如带孩子去动物园看孔雀开屏，一经确定目的之后，就要教孩子认真观察孔雀的动静，在孔雀还未开屏时，要耐心守候，不要因为猴子山好玩，没有看清楚孔雀开屏，就一下子转到猴子山去。

2. 要教会孩子对事物有顺序、有步骤地观察。例如观察植物，可从花、叶子、茎、颜色、姿态几方面去观察；看图画中的人物，按顺序看姿势、动作、人与人之间的关系、背景和其他细节。有顺序、有步骤地看，就能看到事物的特征和各部分之间的关系。

3. 要教会孩子从多种角度观察事物。例如观察鸭子，将整只鸭从头到尾看了以后，还要看它的趾，告诉孩子鸭脚趾有蹼，所以能游水；看一座山，可以高看、低看、远看、近看、横看、侧看，从不同角度对事物进行观察。

4. 要让孩子多看、多想、多听、多讲、多摸一摸、多闻一闻，以加深对事物的印象。例如观察小兔子。除了看它的外形，可以让孩子用手去摸一摸兔子的皮毛和长耳朵，用草去喂小兔子，孩子用多种感觉器官参加观察活动，就可以得到事物多方面的感性认识，加深印象。

5. 教会孩子把类似的物体对照、比较，进行观察。例如，看苹果时，可以对比梨子，看看它们的外形、表皮以及果肉、果核有什么不同和相同的地方。通过比较，使孩子对事物的分辨更清楚、明确。

6.为了让孩子对某些事物做较长期的、有系统的观察，获得完整的知识，可以让孩子做些实验，通过实验进行观察。例如：把黄豆放在花盆里，观察它是怎样发芽、长叶，需要什么条件，观察它的变化和生长过程。这样，有利于激发孩子观察的兴趣，求知欲也更加旺盛。

❈ 激发孩子的想象力

孩子的想象力是智力的重要组成部分，聪明的孩子，都具有丰富的想象力。孩子如果缺乏想象力，就不能很好地掌握知识，也缺乏创造力。爱因斯坦说：想象力比知识更重要，因为知识是有限的，而想象力概括着世界上的一切，推动着进步，并是知识进化的源泉。严格地说，想象力是科学研究中的实在因素。注重孩子想象力的培养和提高，让孩子成为一个有创造性的人，这才是家长最需要重视的事情。

细心的父母可以发现如果孩子在以下的这些方面表现出超出常人的天赋，说明他具有较强的想象能力：

1.能够自己编故事，而且故事有较强的逻辑性，结构完整，已能正确地形容和比喻。例如，有的儿童在作文中写道："山上的小鸟为我们唱着歌，在欢迎我们到来。"

2.能画想象丰富的画和制作富有创造力的作品。

3. 有较强的指意想象力。能够有目的指地、完整地想象出事物的形象。在进行想象时，他已完全不用依靠具体材料，可以仅凭语言的描述想象。一个想象力很强的儿童，可以按照成人的语言（或图画）描述出他从未见过的东西。

4. 能进行具有现实性的创造想象。想象力超常的儿童可以有目的地创造出许多别出心裁的东西，将幻想变得有现实性。他已不是简单地再现，而是创造性地想象出新的形象了。例如，有个9岁的儿童想象出了一个宇宙飞船，靠光能作为前进的动力。别人问他："为什么用光作动力呢？"他说："光到处都有，宇宙中每个恒星都发出光，宇宙飞船到哪里都能吸收能量。"

育才方案：培养孩子的想象力

现在的孩子很普遍地出现了"懒脑"的状况，不爱动脑子，想象力也不如之前的丰富。对此，作为家长要引导孩子丰富他的想象力。

1. 爱护和重视孩子的想象力。孩子最喜欢想象，一会儿想象自己是解放军，一会儿想象当了火车司机，一会儿又当孙悟空；看见了天上的云彩，想象有个小孩在骑大马。孩子们天真的想象，常常被大人看成是幼稚可笑的，甚至视作胡思乱想加以制止。其实，孩子的想象是他的智慧火花，不对孩子的想象力加以珍惜和爱护，就会将孩子的智慧扼杀。

2. 培养和提高孩子的想象力应当注意方法。首先，使孩子尽量多获得想象的标本材料，以便孩子在脑海里进行加工改造。因为孩子的想象是脑子中所建立的形象（如看过鸭子的幼儿，脑子里就有鸭子的形象）的重新加工和改造的过程。缺乏原材料，孩子的想象就越狭窄、肤浅。因此，家长要培养和提高孩子的想象力，就应该多给孩子看看，听听，开阔孩子的视野，丰富孩子想象的素材。

3. 为孩子提供想象的条件。比如让孩子玩飞机，教会他一种玩法以后，让孩子想想，还有什么样的玩法，飞机飞起来时是怎样的？飞机下降时又是怎样的？创造条件让孩子去想象。

4. 教给孩子表达想象形象的技能。想象的形象表达可以有多种形式，可以是口头的，也可以是书面的。因此，当孩子在头脑中想象出一种新形象时，应帮助孩子通过有效的形式把完整的形象表达出来。如孩子想象出一种会飞的汽车，可让他口述或画画，表现这种汽车的模样。

✱ 增强孩子的记忆能力

记忆力的好坏对智力有着重要的影响，古今中外的许多"神童"大多都是在记忆力方面表现出超出常人的天赋。德国的诗人歌德在幼年时期就记住了很多童谣，4岁时就能读书，8岁就已经能掌握4国的语言。英国的著名学家道尔顿，在5岁的时候就能够背出 50 多篇的拉丁文诗歌。

一般来说，从 4 岁到 13 岁，是开发孩子记忆力的黄金时期，如果父母发现自己的孩子在以下方面表现突出，那么恭喜你，赶快挖掘孩子潜在的丰富记忆力吧。

1. 记忆的速度快

以识记形象或实物为例，一般的 5~6 岁的儿童在一定时间里能识记住 25 个实物中的 10~11 个，而记忆力超常的儿童能在相同时间里识记 20 个以上，或者在比其他儿童少一半的时间里识记相当数量的材料。

2. 记忆保持的时间长

对于同样的材料识记后 1 小时，一般的儿童大约就会忘记 30%，而记忆力超常的儿童几乎能全部记住。又如，对于一定的记忆材料，识记一个星期后，一般的儿童会忘记 40%~50%，而记忆力超常的儿童只忘记 20% 左右。

3. 记忆的正确性高

在记忆一定的材料时，一般的孩子虽然记忆的数量与记忆力超常的孩子差不多，但可能会把一些别的材料加进去了，也可能记忆得不全面；记忆力超常的孩子不但能记住易正确记忆的材料，就是那些不易被感觉的细微处也能正确记住。

4. 记忆面广

一般的孩子往往只对他感兴趣的材料或经过专门训练的知识方面记忆力好，而别的方面记忆力差。记忆力超常的孩子对各种材料的记忆能力是有差别的，但综合记忆能力是远远超过同龄人的。

5. 记忆的备用性强

这是衡量孩子超常记忆力的一个重要方面。记忆的备用性就是指适时提取记忆材料的能力。一般的孩子虽然能记忆不少知识，但是常不会用，或不知怎样用，到用时想不起来，而记忆力超常的孩子却能在需要时适时地取出。

6. 记忆材料的取舍性强

儿童的好奇心广泛，如果想记忆什么就记忆什么，就会相互干扰，影响记忆力。智力超常的孩子，懂得哪些该记忆，哪些不用记忆，对他来说现实性可能不大，但对将来的意义可就大了。

育才方案：帮助孩子提高记忆力

遗忘是记忆的天敌，能尽量地避免和克服遗忘，也就是在提高记忆力。家长如果能够帮助孩子在学习活动中进行有意识的锻炼，帮助孩子掌握记忆的规律和方法，就能改善和提高记忆力。对于提高记忆力，有几个小育才方案：

1. 注意集中。记忆的时候要聚精会神，如果是精神涣散，一心二用，就会大大降低记忆效率。

2. 兴趣浓厚。如果孩子对要学习的知识没有任何兴趣，即使花再多的时间，也很难有好的记忆效果。

3. 理解记忆。理解知识会记得更加牢固，如果单凭死记硬背，效果肯定是不理想。对于重要的学习内容，一定是理解加背诵相结合。

4. 及时复习。有研究表明，记忆之后的知识是有遗忘曲线的，一般是在背诵之后的9小时之内，而且遗忘的速度是先快后慢，所以及时温习是强化记忆的重要手段。

5. 视听结合。在记忆过程中可同时利用其他感官的视听功能，来强化记忆，提高记忆效率。有实验表明，综合利用视觉、听觉来记忆，比单一的默记效果要好很多。

6. 综合记忆。可以根据情况，灵活运用分类记忆、图标记忆以及做笔记、卡片等方法，加强记忆效果。

7. 掌握最佳记忆时间。上午9～11时，下午3～4时，晚上7～10时，是最佳记忆时间。利用上述时间，记忆的效果会更好。

8. 注意科学用脑。如果连续用脑时间过长，就应该适当放松休息，能大大提高大脑的工作效率。另外，保持乐观的情绪，也是提高记忆的关键。

❁ 孩子的破坏力也是一种创造力

好奇心可以推动孩子去学习、去探究，好奇心是创造性的重要特征。孩子出于好奇，也常常会做错事。这时家长不可简单责备,而是应当细心了解孩子的想法,耐心加以引导。

常常使家长恼火的是,有时刚给孩子买来的玩具,转眼就被拆得七零八碎,不少家长见此情景,很可能会火冒三丈,把孩子训一顿,甚至打一顿。殊不知这样做会把孩子的探索与创造精神给扼杀了。

天真、活泼、好动、淘气,这些都是孩子的天性。他们常常把凳子翻过来当车头,把空盒子摆一溜当火车厢,把家里弄得乱七八糟。

爸爸为林林买回一辆会发声音会走还会拐弯的小火车,林林爱不释手。可是一会儿工夫,车身与轮子就分开了,车头与车厢也不再连在一起。

此时,如果爸爸妈妈能冷静地蹲下来,和颜悦色地问问孩子,"你在干什么?为什么把火车给拆了?"你就会发现原来他是想看看车子里面有什么东西,为什么火车这么灵巧可爱。孩子们破坏玩具的行为,常常体现了可贵的好奇心,不可多加指责。这时你如果用孩子能够理解的语言,给他灌输一点机械与电子的科普知识,孩子一定乐于接受,并记得很牢固。你还可以告诉他:"你现在还小,把这么好的火车拆开就装不上了,等你以后学了更多的知识,可以设计出比这还要好的真火车。"从而激发孩子学习、求知、探索的欲望。

培养孩子的动手能力不仅能使孩子获得一双巧手,更能促进其大脑的发育成熟,因而许多教育家和心理学家常把动手能力直接视为创造能力之一。所以家长要注意训练孩子的动手能力，使你的孩子真正成为心灵手巧的人。

正确对待孩子因好奇而导致的破坏行为。孩子的好奇一方面表现为好问，另一方面表现为好动。由于年幼无知，孩子的好动倾向常常导致破坏性行为的发生，对此，家长要正确处理。

譬如，孩子拆坏玩具后，家长切不可以打骂，也不必发誓不再给他玩玩具，而应简单地向孩子讲清玩具的构造、原理和正确的玩法，然后和孩子一起把玩具修好。这样做不仅能鼓励和发展孩子的求知欲、探索精神，还能培养他爱惜玩具、爱劳动的品质。

育才方案：培养孩子的创造力

在幼儿时代是发展孩子创造力的黄金时代，每个孩子都具有潜在的或正在萌发的创造力。创造能力具有优势的孩子不仅智商会更高，而且会表现得更加自信、更喜欢探索，情感也更加丰富。这些好的品质将伴随孩子的一生。因此在家庭教育中家长应该留意培养孩子的创造力。

1. 注意营造自由、民主的家庭氛围

要营造良好的家庭环境，家长首先要注意克服自己的权威思想，平等地来看待孩子，这样更有利于孩子发表自己独特的见解。千万不要以成人的思维方式来束缚孩子，鼓励他大胆去想在成人看来不可能实现的事情。

2. 保护孩子的好奇心，激发求知欲

处于儿童时期的孩子会对不了解的事物产生兴奋和好奇，会提出各种古怪的问题。这时家长应耐心对待孩子的提问，并引导孩子去观察、思考，将他的好奇心上升成求知欲，促使他产生创造的兴趣。

3. 在游戏中培养孩子的创造力

家长要给孩子充分的游戏时间，并要为孩子提供合适的玩具，也可以和孩子一起制作玩具。在游戏的过程中，家长要注意利用游戏的情景来启发孩子，回忆已有的知识，主动开展丰富的想象。

❀ 培养孩子的思维能力

敏锐的思维不会从天上掉下来，而是需要经过父母对孩子的训练和培养。很多父母以为孩子敏锐的思维是与生俱来的，其实不然。

有专家经过观察发现：多数聪明的孩子总是能够迅速地回答问题，而反应较慢的孩子却常常处在深深的思索中。

要想培养孩子敏锐的思维，需要全家共同的努力，具体注意事项如下。

1. 创造良好的家庭思考环境

锻炼孩子敏锐的思维，要从娃娃时期开始引导。有位母亲通过朗读简单的诗词来引导她的孩子思考问题。然后提问孩子,"如果一个句子是以'如果'来开头,那一定是真的吗?"通过提问这样简单的问题来使孩子快速回答,还会引发孩子的联想。

父母可以抓紧一切时间引发孩子的思考,当与孩子一起去博物馆的时候,当与孩子一起阅读的时候,当与孩子一同看电视的时候,都可以即兴提出一些问题促使孩子快速思考,培养孩子敏锐的思维。

经常给孩子讲一些小笑话或者奇妙的双关语,能够使孩子感到快乐,并且会在笑声中使孩子从不同的侧面来理解词义。

2. 打破传统的教育观念

小孩子思想活泼,很少接受传统观念的束缚,鼓励孩子大胆质疑,无疑会促进孩子思维的发展。家长应创造合适的机会,让孩子说出一些他的主意,然后对那些值得一听的小意见给予适当的夸奖。或者当一家人共进晚餐的时候,可以议论一天中发生的种种事情,同时也是指导孩子的好机会。

能提高孩子思维能力的问题是趣味性强、令人迷惑、激发想象力、没有固定答案的问题,比如,父母可以问孩子:"如果马路上的汽车都被漆成了黄颜色,你觉得这样好不好?"这种问题,怎样回答都是对的,这样做的好处在于可以降低汽车的汽油成本,而坏处就是在停车场上无法找到位子。但最关键的是,这样的问题可以促进孩子的思维发展,激发他思考的兴趣。

育才方案：为孩子的逆向思维喝彩

通常来讲，孩子的思维是一种单向的思维，家长可以从孩子的日常行为中发现。比如，当孩子不愿意让别人发现他的时候，会用小手捂住他的眼睛，就以为别人看不见他了。单向思维表现为从自己的角度来认识事物。单向思维是低级的思维形式，克服这种思维定式的方法，就是训练孩子的逆向思维。

训练孩子的逆向思维，从4岁的时候就可以开始了。训练逆向思维的作用在于帮助孩子从小学会从多个角度来思考问题，有利于孩子今后的学习和工作，提高孩子的创新意识和应变能力，尤其对孩子学习数学有特殊意义。

培养孩子的逆向思维其实很简单，家长要善于抓住日常生活中的每个机会。比如，可以训练孩子进行句型的转换："明明从橱柜里拿走了一个苹果"就可以转化为"一个橱柜里的苹果被明明拿走了"。家长也可以用反义词和儿歌来训练孩子的逆向思维，这些方法可以让孩子懂得完全可以从不同的角度入手来思考问题和解决问题。

很多时候，家长把孩子表现出来的逆向思维用"幼稚""荒唐"等词语压制了，而自己却浑然不知。要培养孩子的逆向思维，家长首先要转变观念，认同孩子可贵的"怪想法"。

❋ 提高孩子的表达能力

孩子的表达能力千差万别，有的孩子很会说，而有的孩子就不会说。有的家长认为，孩子话少是天生的表现，其实错了，后天的锻炼可以把一个不会说话的孩子训练成长于言谈的人。孩子的幼儿时期是语言发展的关键时期，听说能力以及良好的语言表达能力都要从这一时期就抓起。在这一时期，家长有以下应该注意的地方。

1. 首先要保证自己的语言是规范的

爸爸妈妈的语言示范，将直接影响孩子的语言发展。建议家长在日常生活中说话努力做到发音准确，用词准确。在孩子面前讲话一定避免脏话，以免让孩子在无形中受到不好的影响。

2. 注意多和孩子交流

在和孩子讲话的时候，要让孩子提高注意力，专心听家长说话，不能做别的事情。倾听是孩子接受信息的重要途径，认真地听家长说话就是在储蓄表达的资源。孩子讲话时很可能会出现前言不搭后语的现象，那也没有关系，毕竟说话是一个锻炼的过程。

3. 经常念书给孩子听

家长最好能每天抽出一点时间，给孩子读一段文字，可以是儿童童话，可以是其他的儿童读物。因为如果是孩子自己读书，一般情况下就是随便翻翻，绝对不会看内容。给孩子读书也不要担心孩子会听不懂，因为他一定会记住一些东西，长期坚持，孩子会记住很多词汇，有时甚至会脱口而出，利于他今后的表达。

4. 丰富孩子的生活

可以创造机会让孩子多接触社会，比如抽时间带孩子上公园，逛商场等，和孩子一起观察，并引导孩子讲述他的所见所闻，所感所想，这样孩子会很乐于用语言来表达自己。

育才方案：鼓励孩子编故事

孩子喜欢听故事，家长可以常给孩子讲。但孩子只记住故事的情节是不够的，还要能够有条理地复述出来，才能达到训练的目的。在复述时，最好不要求孩子用原话，而要求孩子用自己的语言复述故事的内容。同时，家长可结合故事提问，使孩子有更多的说话机会。如果孩子语言能力发展较好，可让孩子听完一个故事后，模仿情节编故事。

给孩子一个自由编故事的空间，孩子的心灵才能插上想象的翅膀。这时候孩子往往需要沉思，因此，当家长看到孩子在默默沉思的时候，不应该去打断和干涉孩子，而是应该给孩子一个做"白日梦"的空间。在孩子讲述自己的"梦"的时候要认真地倾听，及时回馈，并提出一些"刁难"的问题，让他不断尝试突破自己以前的思路，越想越灵活。

❋ 兴趣培训，就要从兴趣入手

我们都知道，在充满艺术氛围的环境中长大的孩子可以更好地开发潜能。一个人可以不擅长艺术，但却不可以对艺术一窍不通。艺术可以拓宽孩子的视野，增加孩子的见识，培养孩子良好的情趣。也正因为如此，对孩子进行艺术教育是现在家长的一个共识。

提到艺术教育，很多家长最直接的反应就是认为，它代表的就是关于古典音乐、美术、舞蹈等具体学科的教育，因此很多家长进行艺术教育的方式就是把孩子送到艺术学校，学一门技艺才算是真正了解了艺术，其实，这样并不能真正达到提升孩子的艺术修养的目的。

艺术并不等同于才艺，学会了才艺并不意味着真正了解了艺术。中国古代有很多才华横溢的人，但他们中并不是每个人都懂得艺术带给人的真正的美感。

中国古代的艺术家中会存在这样的规律，一生的际遇大起大落很常见。同是明代"吴门四家"的唐伯虎和文徵明，两个人一生的际遇就有很大的差别。唐伯虎虽然很有天赋，但是却恃才傲物，风流又轻狂，因此人到中年就败下阵来。而文徵明则不同，他很敦厚稳重，做事中规中矩，并且为人正直，不会患得患失，所以他的艺术到中年之后还能有进展，并且将独特的"文式画法"传了四代还依然引领当时的画坛。

人有才华，理应受到赞叹，但是有的人会因此而飘飘然，从此就断送了自己的艺术生命，而有的人则是踏踏实实，在艺术上才能不断地开拓创新。

所以，家长在引导孩子懂得艺术的过程中，先要告诉他们真正的艺术没有得失，没有成败，没有功利，唯有陶冶情操而已，艺术不是附庸风雅，不是显示自己的格调。孩子果真是这样的想法，才算走上了艺术的大路。如果家长不明白学艺的重点是什么，也不了解孩子的兴趣点究竟在哪里，盲从地让孩子来学艺无疑是失败的教育，学艺将会成为让孩子天赋扭曲甚至变形的一种手段，甚至压制了他的潜能，影响他的一生。

艺术的魅力在于能够激发心灵、调动情绪、丰富孩子的心灵世界，发现生活当中的美丽，让孩子建立起对美的信仰和追求。有艺术修养的人，更容易得到别人的尊敬，这也是艺术带给人生的一种财富。

育才方案：不要盲目地为孩子选择培训班

很长一段时间才艺教育在我国风生水起，说到底是源于大众对教育的认知程度的提高。在教育受到空前重视的今天，家长们煞费苦心地在学校教育、家庭教育的层面之外再给孩子附加才艺教育。让孩子学一门才艺是对他们紧张的学习生活的一种调剂，学习艺术也可以陶冶孩子的情操，增强他们的综合素养，或许，将来孩子在就业时，一项特长会决定成败；也有一部分家长认为自己的孩子已经表现出了艺术方面的天赋，自己就应该竭尽全力地培养，也许孩子很可能像那些"神童"一样，将来成名成家。

但是，也有相当多的家长对才艺教育的认识比较模糊，有一些甚至并没有明确的目的，只是看到周围学才艺的孩子很多，于是也就随便帮助孩子选择了培训班课程，让自己的孩子加入到了"学艺"大军中。

教育专家对目前存在的一些父母对孩子进行"强迫式"教育的方法十分担忧。孩子学才艺如果掺进了家长的功利目的就适得其反了。学才艺最基本的出发点，应该是孩子对该门艺术有兴趣、有天赋。如果家长忽视孩子的兴趣，强加给他们一些学习任务，就会使他们产生抗拒心理。有些孩子本来对音乐不感兴趣，被家长"逼迫"每天练琴，结果琴技总是没有提高，于是恨铁不成钢的家长开始斥责甚至打骂孩子，甚至是责骂刺激孩子，久而久之，孩子开始产生逆反心理，有的则变得自卑并产生自闭倾向。

儿童对于外界的一些事物，尤其是某些艺术类的事物感到好奇，是儿童的天性，在这基础上加以正确的引导，发展为孩子的兴趣、爱好是对的。但若不顾孩子的心理想法，不由分说地强制孩子学艺，剥夺他们爱玩爱自由的天性，往往会导致相反的后果。

第七章 从细节入手,培养孩子好习惯

❋ 家长素质高，孩子有礼貌

孩子如果行为很粗鲁，说明他对于别人的感受就不是很深刻。一个行为很粗鲁的孩子只会考虑到自己一时爽快，会很难得到周围人的喜爱。如果家长对于这一方面很忽视，不加以及时的教诲，看似的小问题会影响他一生的行为和心态。

有一次，方方的爸爸带着他去爬山。方方在山上显得很兴奋，大声地嚷嚷起来，周围的人都用异样的眼神看他。这时，方方的爸爸就意识到了孩子这样的行为必须纠正，就对他说："你看，我们来到山上，我们是这里的客人，对吗？"

方方说："是啊。"

爸爸接着说："那山的主人是谁呢？是这里的小动物们，它们原本在很舒服地生活，如果你一声大叫吓到了它们，这就不好了。哪有说客人做客扰乱主人的道理呢？你说对吧？"爸爸把道理讲清楚了，方方也不好意思再大叫。

父母应该培养孩子柔和的性格，不仅对人要礼貌谦和，不仅是说话轻声细语，而且即便是对物品也要心存恭敬。比如有的小朋友在穿衣服的时候动作偏大，这样撕扯衣服就会缩短衣服的使用寿命。父母就应该及时给予孩子引导，告诉他动作要小一点。如此点点滴滴因势利导，孩子自然就粗鲁不起来了。

有几个小朋友在院子里玩耍，他们用铁丝拴在树上，当作秋千荡来荡去。这时院里的一位老阿婆看到了，就很生气地对这群孩子说："怎么可以破坏树木？快停下来！"但是，没有一个孩子把阿婆的话放在心上，依然自顾自地玩耍。

这时，一个叔叔正好进来，看到孩子们这样，就把他们叫过来问他们："你们知道树都有哪些作用吗？"

小孩子们都在摇头，他们并不清楚。

"我们可以几天不吃饭，几天不喝水，还可以活着。但是，只要我们有几分钟不吸氧气，就会死掉。我们从空气中吸进氧气，呼出二氧化碳。你们知道呼出的二氧化碳到哪里去了吗？"

小朋友们在听他继续讲，很好奇。

"我们呼出的二氧化碳通过这些树木可以变成氧气供我们呼吸。这些树木是我们的恩人。我们怎么可以忘恩负义，来折磨这些树呢？"

这位叔叔讲完之后，小朋友明白破坏树木是不对的，以后就再也不动那棵树了。

这位叔叔通过这样的说理，启发了孩子们的爱心，使他们不再对那些树木"下毒手"。家长在日常生活中，也可以通过点滴小事来对孩子说明，帮助他们改掉不好的行为。

育才方案：不可以用粗鲁的方式教育孩子懂礼貌

家长希望自己的小孩是个很斯文，懂礼貌，人见人爱的小孩，这种愿望固然很好。但是，很多家长还是对自己的孩子很无奈。究竟问题出在哪里呢？

如果家长因为孩子不懂礼貌，总是又打又骂，可是这样教出来的孩子依然没有长进。就像有的家长对老师抱怨：我家孩子喜欢打人，为这件事情我不知打了他多少回了。旁人一听，就能知道问题出在哪里。家长不能抱怨孩子没有进步，而是应该反思一下父母教育孩子的方式是否得当，如果我们作为父母要用简单粗暴的方法教育孩子，又怎么能奢望孩子能用彬彬有礼的态度来对待他人呢？

有个孩子看到大人就不会打招呼，这时如果作为父母却当着熟人的面责备孩子，不仅会伤害孩子的自尊，使用很暴躁的方式来说教也不会让孩子心悦诚服。最好的方式是回到家心平气和地和孩子谈一谈："刚才我们看到的那位叔叔是爸爸的好朋友，下次我们再见到他，和那位叔叔打声招呼好吗？懂礼貌的孩子走到哪里都会受到欢迎的。"父母这样讲过之后，相信这个孩子下次的表现一定会好。

总之，父母在教训孩子要懂礼貌的时候首先注意自己不能用粗鲁的方式。在教育孩子之前，首先要反观自照，看看自己有没有做到。

❊ 让说脏话的孩子住嘴

在公交车上,常常会遇到一些脏话连篇的人,让周围的人侧目。如果说脏话的人是孩子,就更让人听着难受——看上去机灵可爱的孩子,怎么就出口成"脏"呢?说脏话的孩子被看成是没有教养的表现,大家也不愿意让自己的孩子和说脏话的人在一起,说脏话的孩子会被主流社会否定,也许孩子并不明白自己的脏话到底是什么意思,但他已经被贴上了"坏孩子"的标签。孩子生活在社会的大环境中,难免会受到不良语言的影响。有时候孩子和小伙伴发生了争执,也会使孩子被迫骂人,以牙还牙,这样最容易让孩子习惯于不良的言行。

要想从根本上杜绝孩子骂人的行为发生,首先要教育孩子懂得尊重他人。平时,家长要有意识地向孩子介绍每个亲朋好友的职业、性格、优点,鼓励孩子学习他人的优点。家长自己也要做到谦虚,不拿自己的长处比他人的短处,让孩子明白"金无足赤,人无完人"的道理。杜绝孩子说脏话,更重要的是要在日常生活中有意识地培养孩子尊重他人的意识。例如,上学时主动向老师同学问好;遇到熟人热情打招呼;请人帮助要先用礼貌称呼,再说明事由,事后要道谢,家中来客人要热情迎送等。

育才方案:帮助孩子合理宣泄

很多家长都认为,孩子的生活没有什么负担,衣食无忧,被照顾得无微不至，本来不会有什么压力，孩子又怎么会想到宣泄自己的情感呢？

实际上，现在的孩子在得到铺天盖地的爱的同时，却越来越失去了随心所欲的自由。在得到玩具的同时，却失去了和父母游戏的机会而感受不到温暖，在幼儿园不能和其他的小朋友好好相处，在学校和同学在名次上的你追我赶，这些都会使孩子产生压力感。有的孩子会在生活中表现得脾气暴躁、爱骂人甚至爱打人，很多都是源自这种在生活中的压力。

孩子原本是天真无邪的，这也使他的喜怒哀乐更加真实。所以孩子常常用各种情绪来表达自己的情感，父母应该更多地体谅和理解孩子的情绪变化，为他创造良好的条件帮助他发泄不良情绪。

1.可以创设悄悄话角，让孩子用语言发泄情感。当孩子感到愤怒的时候，可以让他来到这个角落，独自大喊大叫，并舞动自己的手臂。还可以让孩子通过运动的方式来宣泄感情。

2.当孩子与其他的同伴发生了攻击性的事件时，父母也不要用简单粗暴的方式来处理，这会使孩子更容易萌生愤怒感，不仅不能合理解决问题，而且还会造成破罐破摔的不良后果。正确的处理方法应该是帮助孩子妥善处理和同伴的关系。

3.警惕孩子的抑郁倾向。有些孩子曾试图通过饮酒、上网聊天、吸毒等方式来排解抑郁的症状，但结果往往会使抑郁加重。家长要教给孩子一些预防抑郁的小窍门，比如让孩子大哭一场，或者鼓励孩子做自己喜欢做的事来转移注意力等。

通过合理的宣泄，可以使孩子在特殊时期调整好自己的情绪，又保证不会伤害到别人。在家长给予积极引导，将孩子的不良情绪宣泄出来之后，孩子的失落感将一去不返，取而代之的是更加积极地面对生活。

❋ 让孩子学会说"对不起"

一天，幼儿园的老师上课的时候给孩子们讲做人要懂礼貌。到中午吃饭休息的时候，几个小朋友听到门外有人在敲门，他们互相争着要去开门，最后僵持不下，所有的小朋友都不吃饭了，大家一起去迎接这一位门外的客人。当门被打开的时候，六个小朋友站成一排，恭恭敬敬地向外面的阿姨问好。当时这位阿姨愣在门外半天没有缓过神来，她说她受宠若惊不敢进门。

这样一幅温馨的情景，相信每一个家长都会发出由衷的赞叹。很多的妈妈在提到自己的小孩时都很无奈：我家的小孩，不要指望他跟别人问好打招呼，见到你的时候能对你笑一下就不错了。因此，在家庭中时常会出现这样的景象：当家里有客人来时，孩子坐在客厅里看电视，然后连看都不看客人一眼，就朝屋里面大吼："妈，出来啦！有人找！"这时妈妈走出来："啊！是你啊，哎呀，这孩子不懂事，来来，我们这边坐吧。"实际上，父母的面子一点都不好看，到头来还要自己打圆场。

虽然知道这样不好，但有些家长会忽视孩子的细小礼节，觉得这些都是大人才用得到的客套，小孩子懂不懂无所谓的，实际上错了。很多孩子就是小的时候在这方面的教养过于缺失，为他将来的人生设置了很多的障碍。

如今社会上大家都在抱怨人才过剩，其实对于用人单位来说，他们的一致观点就是：根本没有人才。有一位企业家说："想找个合适的助理，后来发现并非易事。学历并不代表办事能力，实在说明不了什么。"这位企业家最开始招的助理虽然学历很高，但是办事能力却很差，有一次参加重要的场合居然自己先坐到车子里面，这位老板给她关门。老板觉得自己也很不好意思，这样的助理实在没有办法把她带出去。以后就把她辞退了。

看，有的人的失败并不是因为能力出的问题，而是最基本的礼节没有做好。所以家长实在要好好训练孩子的礼节，让自己的小孩人见人爱。

育才方案：让孩子学会说"对不起"

有的妈妈认为孩子做错事时道不道歉并不重要，只要孩子下次注意就可以了，但是当错误产生时，妈妈一旦无原则地让步，对孩子姑息放任，其实就是变相地提示孩子，自己的错误可以不用承担。

孩子在游乐场玩得正开心，突然哭着向你跑过来，你忙问原因，孩子委屈地说：

"刚才有个小朋友踢到我的腿了。"

"他不是故意的吧。"

"可是他没有和我说对不起。"

"对不起"这三个字虽然看起来平平常常，实际上却包含着很深的意义。

可以想象，当我们在路边散步的时候，突然被人撞倒了，正当你要发怒的时候，如果对方说了一句"对不起"，简简单单一句话就浇灭了我们的怒火。多说几句对不起，多主动承认自己的错误，很多的事情都可以大事化小，小事化了。

犯错误是人的惯常行为，错误的本身其实并没有什么可怕之处。最令人担忧的是，当错误出现的时候，却无法正确地面对错误，无法从中学到生活的经验。为了教育好孩子，作为家长应该做好以下几点。

1. 当孩子犯了错误时，千万不要偏袒他们，而是应该让他们为自己的行为担起责任。逃避责任，只会让孩子留下人生的硬伤，甚至一错再错。比如孩子吃饭的时候打翻了自己的碗，要向妈妈说对不起；不小心踩到了小朋友的脚，也要马上道歉，说我不是故意的。

2. 父母要给孩子做最好的表率。当父母错怪孩子的时候，也要勇于向他们道歉。比如你发现自己晾在阳台的衣服不翼而飞了，你以为是孩子淘气藏了起来，便不听孩子的解释把他教训了一顿，后来你发现衣服其实是被风吹到了楼底下，就应该马上向孩子道歉，而不能只是想着维护自己的面子。孩子能够感同身受，下次自己遇到这样的事情，才会勇于承担。

3. 教孩子做一个和善的人。当自己受到触犯的时候，要勇于原谅别人的错误，学会换位思考，比如在餐厅吃饭，一个小朋友不小心把饮料泼在了孩子身上，这个时候可以教孩子想一想，如果你是他的话，一定已经非常内疚了，我们就不要再责怪他了。让孩子做一个大气、宽容的人，才能得到幸福和快乐。

❋ 从生活中培养孩子的公德意识

有的家长片面地认为，孩子只要有好的成绩就可以了，实际上，"德"才是立身之本。在未来的社会里，孩子不仅仅需要与众不同的智力水平，更需要的是良好的个性品质和社会公德。在孩子心中播下道德的种子，越早越好。利用孩子可塑性强的特点，培养孩子的公德意识，是每个家长应为社会尽的责任。

中国素有"礼仪之邦"的美誉，而近些年来，国人的社会公德意识实在让人不敢恭维，不仅如此，还在世界范围内造成了不好的影响。在法国的巴黎圣母院，用中文写着"请保持安静"，在美国珍珠港，用中文写着"垃圾桶在此"，在泰国皇宫，用中文写着"便后请冲厕"。这些给中国人的"特殊待遇"，足以引起我们深深的反思。

　　社会公德是人才的必须素质，教育不能忽视。家长也应该有意识在日常生活中，利用身边的实例进行公德教育，从点滴做起，比如看到孩子随地吐痰、看到孩子乱扔果皮纸屑的时候，都应该及时地加以制止，培养孩子良好的社会责任感。

　　其实，要孩子在公众场合指出别人有违社会公德的行为，是很困难的，尤其是在我们这样一个凡事都讲究留点情面的国家，更难让孩子看到不好的行为就当面指出来。所以，家长要培养孩子的公德意识，最重要的还是自己做一个表率。无论是乘公交排队，还是不乱扔垃圾，这些公德细节都是从点滴培养起来的。

育才方案：从生活中培养孩子的公德意识

　　苏联的教育家马卡连科告诫家长：不要以为只有你们同孩子谈话或教导孩子、命令孩子的时候，才是在教育孩子。在你的生活的每一瞬间，甚至当你们不在家的时候，都在教育着孩子。你们怎样穿衣服，怎样同别人谈话，怎样讨论其他的人；你们怎样表示欢欣和不快，怎样笑，怎样读报……所有这些对孩子都有很大的意义。

　　父母与孩子相处过程中的每一件小事，都会在孩子心中产生重要的影响，有的就会直接影响到以后孩子公德意识的形成。

1. 父母要注意培养孩子的自制能力

　　有的父母会过分地宠爱孩子，事事都会满足孩子，这样做的结果有百害而无一利。因为随着孩子年龄的增长，他对任何事物的占有欲也会越来越强烈，所以一味地满足孩子的做法并不妥。

父母对孩子的奖励，应该有一个"特别意义的原则"，比如在孩子做了一件值得称赞的事情的时候，应该及时、充分地给予奖励。在这种"特殊意义"的鼓励方式下成长起来的孩子，懂得克服自己的不良欲望，具有良好的自制能力。

2. 注意培养孩子的自立精神

孩子在将来能够自立于社会，才能成为受欢迎的人。这种自立的意识在孩子小的时候就应该注意培养。比如有的时候在公交车上，小孩子会因为没有人给他让座位而哭闹。在这种情况下，作为父母就应该鼓励孩子站着，培养孩子的自立精神。在其他的公共场所，如果是在公园乘滑梯或是荡秋千，父母也要鼓励孩子按顺序排队，父母要让孩子自己心里清楚，即使他再小也要自立，也要遵守社会公德。

3. 培养孩子的竞争意识

竞争是一个人在现代社会中生存不可回避的事情，是人生的常态。父母也应该让孩子明白，胜败乃兵家常事，而不能让自己的孩子有"输不起"的心态。在家里和孩子做游戏的时候，有的父母常常有意让孩子先赢，觉得和孩子玩，就是为了让他高兴，因此孩子一定是赢家。可是父母应该明白，当孩子与同龄人共同玩耍的时候，决不会得到这样的谦让。在今后漫长的人生道路上只有公平竞争，只有靠自己的不懈努力才能享受到成功的幸福。

这样教育出的孩子才有更良好的心理承受能力，也具有更加宽容的气度。

4. 培养孩子具有责任心

有些孩子习惯在家里乱扔东西，却叫大人来收拾；在家里做事做了一半就扔下跑开了，让家长来收尾。家长如果是听之任之，长期下来，孩子就会丧失责任心。坏习惯一旦养成再纠正就会很费事，并且这样的孩子很难融入集体，不利于培养孩子的社会公德意识。因此要注意从生活小事入手对孩子从严要求，比如：自己用过的东西要自己收拾好，答应别人的事情要有交代，别人在休息的时候不能打扰，做事不可马虎、草率。事实证明，做事认真负责的孩子在群体中会更有威信，更容易受到小伙伴的尊敬。

❀ 小孩子也要讲礼仪

"站如松，坐如钟，走如风"，良好的姿态不仅代表着一个人的气质，更代表着一个人的作风。有的人片面地认为只要打扮得很时髦就算是有气质了。实际上不是的，仪表并不代表仪态。"君子诚于中，形于外"，优雅的仪态是一个人内在素养的体现。

春秋时期，晋国有一位大夫名叫赵宣子，由于他为人刚正不阿，触犯了当时晋国国君的利益，所以晋国的诸侯王就在私下指使刺客去暗杀他。

刺客一大早来到了赵宣子的家,准备杀死他。赵宣子穿戴好礼服准备上朝,时间还早,他和衣坐着打盹儿。刺客看到赵宣子睡觉的样子竟然是这样的庄重,内心非常感慨,因为从他的仪态中,刺客就看出来这是一位贤臣,所以不忍心杀害他。

此时这位刺客很为难:"杀害忠臣是对国家的不忠,这种事我不能做,但我已经答应国君要杀死他,不能言而无信,怎么办呢?"所以这名刺客最后只好拔剑自刎了。

这位刺客通过一个人的仪态就可以准确地判断出这个人的才干还有品质。仪态是内在素质的真实流露,在社会的交往中,仪态还是一张无形的名片,也许你没有随身携带档案袋、介绍信,但人们可以通过你的一举一动来判断你的身份、学识、能力、社会地位。仪态不仅包括人的外表,还包括动作、姿势和举止。仪态不仅要自然,还要表现得具体实在,而不是虚张声势,装腔作势。一个举止优雅、风度绰约的人走到哪里都会很受欢迎,而相比之下,那些穿着时髦、浓妆艳抹、矫揉造作的人就显得逊色多了。

仪态是一种无声的语言,在与人交往的过程中,无论是面部表情,还是身体的姿势、手势和动作都在传递着信息。对方在接受信息时,不仅是在"听其言",而且还"观其行"。仪态的表达往往比有声语言更加富有魅力,可以收到"此时无声胜有声"的效果。

优雅的仪态是一种更深刻、更完善的美。仪态的美是长期的培养和磨炼的结果，并不是通过外在的修饰打扮就可以弥补的，也不是通过单纯的动作、表情模仿就可以体现的。

育才方案：帮助孩子培养绅士般的礼仪

礼仪是一个绅士的必须装备。礼仪的培养指的是要让孩子学习礼貌、礼节和风度，懂得人情世故，会接人待物，要文质彬彬，高雅友善。礼仪不良的两种表现，一种是羞怯忸怩；另一种是傲慢自大。要避免这两种情形，就要谨守下面这条原则：不要轻视自己，也不要轻视别人。

我们不应该把自己想得太好，因而把自己的价值估计过高；不应该因为自己具备了一些长处而别人没有就自以为具有优势，做到不轻视自己。不轻视自己的意思不是和谦逊相反，而是与无耻相反。我们只可以安守本分，谦逊地接受别人给予我们的评价，不必急于表现。但是有些时候我们理当拿出行动，别人也期待我们走上前去，那时我们就要自信，无论在谁面前都应当从容地表现，不要惊慌失措，对别人要按照身份和地位的具体情况给予尊敬和保持适当的距离。有些人，尤其是儿童，常常在生人或长辈面前表现出一种羞怯态度，他们的神情完全失态，在慌乱中把持不住自己，什么事情也做不来，就算做了也做得不优雅，不自然。医治这种不良礼仪的毛病，就要使他们养成优雅自信的习惯，多交朋友。

对孩子礼仪产生不良影响的几种习惯：

——天生粗暴的性情令一个人对别人没有一种尊重的优雅态度，不尊重别人的气质倾向和社会地位。

——轻视别人，或者缺乏应有的敬意，会从言辞、神情或者姿态上表现出来，不管对什么人表示轻蔑，总会使对方极不舒服。

——非难别人，老是看别人的短处，揶揄和当面反驳对方，这是和礼仪完全相悖的。

——刁难别人也是和礼仪背道而驰的一种过失，因为他不仅时常伴随着冲动和令人生气的言语举止，而且更因为当我们对别人感到恼怒时，施加给对方的一种无言的责备。

——随意打断别人的谈话也是没有教养的表现。孩子普遍存在着一种毛病，喜欢在别人正在说话的时候去插嘴，去反驳别人，打断别人说话。这种方式只会让听者感到厌烦，对你留下不好的印象。

❖ 幽默感

幽默感在人际交往中起着举足轻重的作用。一个幽默风趣的人，往往比不具备幽默感的人更容易得到大家的喜欢。现代的家庭中开始越来越重视培养孩子的幽默感。具有幽默感的孩子大多开朗活泼聪明，更讨老师的喜欢，人际关系也会更融洽。一个具有幽默感的孩子在将来能够更好地应对生活和学习中的压力，可以过得更开心。

根据美国专家的专题研究显示，人的幽默感只有三成的先天因素，其余七成则是靠后天的培养。一般的婴儿在出生6周之后就已经萌发了"幽默意识"。

当家长故意抱着孩子做"下坠"动作的时候，一些孩子在体会下落感的同时，就已经无师自通地感受到大人跟自己是闹着玩的。不但不害怕，小脸上可能会荡漾出笑容。这样的孩子就表现出了天生的幽默感。

1岁左右的孩子对大人的面部表情已经十分敏感。家长可以经常向孩子做鬼脸，既可以逗他们开心，同时还会启发孩子的幽默感。这时的孩子如果在学习走路的时候摔倒了，父母可以冲孩子做个鬼脸来安抚他，孩子马上就会破涕为笑。

对于2岁的孩子，可以通过观察自己来发现幽默。比如，当家长把袜子戴在孩子的头上时，孩子的脸上就会露出比较难受的表情。家长可以和孩子一起哈哈大笑，让孩子体会到幽默。

3岁的孩子，已经能够从生活的细节中发现幽默。当爸爸故意拎妈妈的手提袋时，孩子就会觉得很滑稽而大笑不止。如果孩子做出一些比较夸张的动作——比如会带上骑摩托车用的大壳帽，这时家长千万不要指责他，因为这正是培养孩子幽默感的时候。

4岁的孩子喜欢玩"过家家"，或者扮演卡通人物。他会很投入地扮演自己喜欢的角色，并且在扮演的过程中会故意用些搞怪的动作来增加表演效果，家长可以帮孩子客串一些角色，来协助他的演出。

当孩子长到 5～6 岁的时候,就很可能对语言中的幽默十分敏感。家长可以教孩子念一些绕口令,来增加孩子的幽默感。

7 岁的孩子到了上学的年纪。这时的孩子会喜欢讲笑话,也热衷于听笑话。也许这时孩子所讲的笑话会对大人有"不恭敬"的言词,甚至会让大人有一些难堪,作为家长应该给予包容。因为孩子需要通过笑话和恶作剧来实现自己的幽默感。不过对于这样的孩子,需要父母做进一步的引导,让孩子知道什么是粗俗,什么是幽默,帮助他增加辨别是非的能力,这才是明智之举。

育才方案:3 招培养孩子的幽默感

俄国文学家契诃夫说过:"不懂得开玩笑的人,是没有希望的人。"幽默可以淡化人的消极情绪,同时带给自己和他人更多的喜悦。家长要培养孩子的幽默感,把握三个重点。

1. 营造轻松的家庭氛围

作为家长应该先努力提高自己的幽默细胞。孩子是父母生命的延续,在潜移默化中,父母的许多优点都在孩子的身上得到再现。在家庭中,家长要给孩子创造一个轻松幽默的环境,才能教会孩子慢慢懂得欣赏幽默。

当孩子哭闹的时候,父母可以用这样的方式来安抚孩子:宝宝,你看你哭得像个小花猫,鼻涕流得像瀑布一样,你照镜子看一看多难看呀。这种很形象很诙谐的语言,比单纯地安慰孩子效果要好得多,并且可以让孩子学会幽默的语言技巧。

2. 通过亲子游戏让生活充满欢笑

在日常生活中,家长可以多和孩子玩一些有趣的亲子游戏,让孩子在游戏中充满开心的笑声。有一些游戏比如躲猫猫、袋鼠跳等不仅可以在游戏中增加亲子感情,而且夸张有趣的肢体动作肯定让父母和孩子一起忍俊不禁,让孩子在轻松快乐的环境中产生幽默感。

给孩子讲一讲轻松有趣的故事也不错。幽默有趣的小故事不仅可以能使孩子在轻松愉快的氛围中喜欢上阅读,还能潜移默化地培养孩子的幽默感。而且家长可以和孩子有一些互动,可以让孩子为故事改编一个令人捧腹的结局。

3. 教会孩子热爱生活

生活中总是缺少发现幽默的眼睛。家长引导孩子去观察、感悟生活,用自己的视角来诠释生活,是提高幽默感的一个重要方面。

有一个小女孩和父母路过一家五星级的宾馆,就问妈妈:"五星级的宾馆里有什么呢?为什么这样贵?"

妈妈回答她说:"宾馆里面很干净,很清洁。"

小女孩说:"我们家里也是很干净,很清洁啊。"

妈妈想了想说:"宾馆里有软软的床。"

小女孩说:"我们家里的床也很舒服啊。"

妈妈实在是不知道怎样回答孩子,最后这个小女孩得出了她的结论:"原来五星级的宾馆和家是一样的。"

孩子的这句话听起来既好笑又很可爱，更重要的是，她会对目前自己的生活很满足，会很幸福。

培养孩子的幽默感，更重要的是要宽容大度，克服斤斤计较的狭隘。当孩子遇到困难的时候，父母要给予积极的鼓励和支持，帮助孩子积极进取，让孩子永远保持乐观，积极地面对人和事。

❋ 社交礼仪不是大人的专属

中国向来注重服饰的教化作用。在华夏文化中，服饰除了"避寒暑、御风雨、蔽形体、遮羞耻、增美饰"等实用功能外，还有着"知礼仪、别尊卑、正名分"的特殊意义。在古代，祭祀有祭服，朝会有朝服，婚嫁有吉服，从戎有军服，服丧有凶服，日常则有便服。服饰的礼仪涵盖了生活的方方面面。

对于个人来说，如果连言行和外表都不加修饰，不修边幅会显得过于无礼或随便；而对言行和外表的修饰若超过了本质，又有失真实。如果过于追求外表的华丽，忽视内在的修养，不仅浪费大量的金钱和精力，而且这种美实在是"金玉其外，败絮其中"。

现在很多的孩子完全不在意穿着，很多刚进入社会的学生，由于在面试的时候着装不合要求，直接就被刷了下来。还有很多女孩,在穿着上完全不自重,穿着各种奇装异服招摇过市。

爱美之心,人皆有之。服饰之美,在于内在气质与外在形式的和谐统一。孔子说过:"质胜文则野,文胜质则史,文质彬彬,然后君子。"文是衣服上各种各样交错织成的美丽花纹,质则是内在的修养。衣着,更多地体现出了文化的内涵。所以,穿着整齐大方,干净利落,讲究卫生,不仅利于身心健康,又能树立良好的个人形象。如果衣着过于邋遢,是对自己和他人的不够尊敬。

一般来说,孩子的穿着会很受家庭的影响。一个家庭有一个家庭的吃饭爱好,同样一个家庭也有一个家庭的审美取向。如果爸爸留给孩子的印象是西装笔挺,在参加家长会时能够着装得体、整洁大方,他内心会很愉悦,也很赞赏这种主流的审美,就自然远离"非主流"了。

所以,家长千万不要觉得小孩子的着装无所谓。穿衣戴帽也是修身的重要途径。《朱子童蒙须知》中提到:"大抵为人,先要身体端整。""不端严,为人所轻贱矣。"出门之前,一定要让孩子自己从头到脚检查一下:衣服扣子是否扣好?鞋带系好了吗?注重这些小节,不仅让孩子有良好的形象出门,还会养成做事严谨的习惯。

育才方案:允许孩子适度打扮

爱美是孩子的天性,无论男孩女孩,总是向往最好看的衣服和名牌的鞋子。开明的父母就会觉得这没有什么，而保守的父母会对孩子这些小迹象杞人忧天，觉得重视外表的孩子会在学习上分心。而有的父母不鼓励给孩子在外表的修饰上花太多的心思，只是觉得这样会浪费金钱。

还有一位妈妈自述她帮助女儿打扮的经过：

"家里的经济条件一直不好，看着自己可爱聪慧的女儿不能拥有漂亮的衣服、更多的玩具，我也曾经暗自垂泪。

"和其他同龄女孩子比吃穿的昂贵，我们是比不起的。于是我就暗自发誓，一定要把女儿培养成一个真正的小淑女，让她具有其他女孩都不具备的品质与气质。

"穿着上，虽然不能给女儿买高档时装，但我编织的手艺却是一流的。因此，女儿的服装虽不昂贵，却件件博得了众人的羡慕。女儿也很为自己的'时尚而不庸俗'感到自豪。

"为了增强女儿的知识修养，我带领女儿一同去图书馆办理了一张借书卡，每个月我都会陪女儿一同去图书馆一次或两次。在我的严格教育下，女儿不仅在学校是老师同学眼中的榜样，更成了左邻右舍眼中标准的小淑女。"

允许孩子打扮，却并不是鼓励孩子和别人比穿。爱美之心是对的，但是不可以因为虚荣和别人去攀比。作为父母也要帮助孩子掌握好"适度"的原则。

❋ 从小开始，学会热爱生活

培养孩子的生活情趣，能使孩子的生活世界更加丰富多彩。

首先，作为家长可以营造良好的家庭氛围让孩子感受生活中的美无处不在。整洁舒适的居家环境，色彩调和的家居饰品等，都会让孩子建立良好的审美观。还可以让孩子玩一些色彩鲜艳的玩具，通过视觉刺激大脑，通过色彩来感受审美。

在日常的生活当中，可以和孩子一起做做"动手游戏"，比如和孩子一起折纸，和孩子一起用筷子夹豆子，比谁夹得快，还可以和孩子一起拆装玩具，这些活动促进孩子的大脑发育，并且能使孩子在快乐的气氛中学习。

另外，多和孩子在一起做户外活动，孩子很容易对大自然着迷。在草地上摸爬滚打，在一起玩平衡木，都能够增强身体的协调性。还可以和孩子一起观察一片叶子、一只昆虫，让孩子在快乐中发挥他的创造力。对大自然感兴趣的孩子一定会成为有情趣的人。

育才方案：帮助孩子布置房间

让孩子拥有自己的空间，对他的心理健全和人格的发展都有积极的意义。当孩子拥有自己的房间后，会对家更有一种归属感，建立自我意识，了解自己的重要性。在帮助孩子布置房间的时候需要注意什么，怎样让孩子的房间常看常新，创意多多，充满生活的情趣，这些都是家长需要思考的问题。

在帮助孩子布置房间的时候，首先要考虑到孩子的个性、喜好，除了实用性、安全性、启发性外，其他要素如色彩、款式等还应依据孩子的喜好，尽量符合孩子的需要。

关键词1：多彩

6岁以前是孩子创造力发展的关键时期，如果这时孩子生活的空间过于呆板、一成不变，会扼杀孩子的创造力与想象力。父母可以把屋里布置得五彩缤纷。一个多姿多彩的空间既可以加深孩子对外部世界的认识，又给予孩子自由、嬉戏的宽敞空间，使他在玩乐中锻炼自己的想象能力和创意。

关键词2：安全

小孩子的天性好动，有棱有角的家具、饰品就会成为一种潜在的"危险"，父母在挑选家装用具的时候，可以参考以下几个标准：

无锐角，家具以及房间中的饰品防止尖锐的边角，以防磕碰；

结构简单坚固耐用，如五金部件不易拆卸或采用隐蔽式的螺丝等；

无毒性，避免儿童误食或发生过敏现象；

小零件的坚固程度，如抽屉的滑轨等。

关键词3：光线

灯在房间中的作用不可小觑。除顶灯外，床头灯是必不可少的，这样孩子夜里起来可随手打开，灯光不能太强，以免孩子不安。整体房间色调要有所统一，无论装饰材料还是配饰挂件最好是亮色。现在的市场上适于儿童间的各种玩具造型的灯也多了起来，小男孩、小女孩把喜爱的造型灯摆在床头，让房间增添活力。

此外还有一些需要注意的细节，在窗户设护栏，尽量采用圆弧收边；室内尽量不使用大面积的玻璃和镜子；选用带有插座罩的插座；以柔软、自然素材为主。尺寸比例缩小的家具，伸手可及的搁物架和茶几能给他控制一切的感觉，满足他模仿成人世界的欲望。孩子的小小世界，体现了家人对他的尊重和爱，在布置房间上多花一些时间，带给孩子的乐趣是无穷的。

✱ 餐桌礼仪

现在的孩子，大多生活在衣食无忧的环境里，由于不知道生活的艰辛，他们花钱大手大脚，吃东西挑肥拣瘦，再漂亮的衣服穿不了几天，再也不肯穿了。"成由勤俭败由奢"是中国的古训，培养孩子的节俭精神尤为重要，而餐桌前则不失为教育孩子的上佳场所。

很多孩子每天都有很多零花钱，口香糖、瓜子、话梅等小吃，总是随身携带。不合口的，虽是刚买的，也会毫不吝惜地扔掉，浪费纸张的现象更是比比皆是。帮孩子克服铺张浪费的不良行为，刻不容缓。随着生活水平的提高，许多家庭生活条件优越，孩子生长在这种环境中，没经受过苦难，不知道父辈的艰难，不懂得珍惜劳动成果。

不少孩子花钱如流水，生活奢侈，经常谈论谁家阔气，有汽车，有大房子。某个同学刚穿出一件新衣服，没几天不少同学也换上了这种新装。而且穿要进口，戴要名牌，"耐克""阿迪达斯"已成为许多中小学生的行头。儿童电子宠物，开始只有少数孩子玩，现在许多孩子都有。孩子们认为，不管花多少钱，别人有的我也要买，我不能比别人低。

如果要培养孩子的节俭意识，作为父母应参考以下育才方案：

第一，认识到培养孩子勤俭节约的意识是塑造良好品德的开端。美学大师朱光潜曾经说过"有钱难买幼时贫"，这并不是让孩子去过"苦行僧"的生活，而是为孩子创造俭朴的家庭环境，让孩子继承中华民族的俭朴美德。

第二，从小事做起，养成节约的习惯。首先，要在生活细节上养成节约的习惯，比如爱惜粮食、人走灯灭、一水多用、爱护衣物等；其次，在使用学习用品上要讲节约，不要因为写错一两个字就撕掉一大张纸，不要老是碰断铅笔芯等。

第三，让孩子学会量入为出。父母要经常给孩子讲勤俭持家的道理，使孩子懂得一粒米、一滴水、一度电都是辛勤劳动得来的，父母供他的衣食住行的所需费用都是费力气挣来的。让他知道家庭的经济能力，这样他就会自觉抹掉不必要的消费。

育才方案：和孩子商定零花钱的数目

孩子手中的零钱多了，大手大脚花钱的现象也随之增多。有的家长每天拿钱给孩子打电子游戏机，少则几元，多则几十元。小孩手中的零钱数额越来越大，甚至在孩子中间产生了攀比心理，谁的零钱数额大，谁就是"大王"，于是没有太多零花钱的孩子就硬缠着家长要。如果这么小的孩子就对金钱有强烈的占有欲，那么势必会引导他兴趣转移，而常常想着要钱，摸大人口袋，这对孩子的成长极为不利，甚至可能导致孩子走上犯罪道路。

事实上，在孩子的成长过程中，金钱的运用是一项很重要的社会学习，它深深影响孩子一生的人际关系与人格、心理的发展，无论采取过度限制还是过度放任的做法，都不太妥当。给孩子零用钱，并非只是为了满足他的需要，而是能够教会孩子具有经济头脑，也能够训练孩子养成良好的理财习惯，而且这类教育宜早不宜迟。受到良好金钱观教育的孩子长大成人后才能对金钱抱有正常的心态，才能处理好人与金钱的关系。

所以作为家长有必要和孩子商定零花钱的数目。

首先零用钱要给的适当。一是数额要适当，要根据家庭经济状况和孩子的合理需要统筹考虑。一般以够支付孩子合理的开支为限，不宜多给，也不宜少给。多给，容易养成孩子大手大脚的习惯，使孩子不知钱来之不易，不珍惜父母用血汗换来的金钱；少给，又不能满足孩子正常合理的需要，弄得不好，还可能引发孩子私自拿钱或偷窃行为。

二是时间要适宜。零用钱可以选在一个有纪念意义的日子开始给，如小孩上学的第一天等，告诉孩子这笔钱的用处，并使他懂得自己在家庭中的地位和责任，之后可以定期发给。根据孩子的年龄，对不同阶段的儿童零用钱发给的数目与时间可以不同。

最后，要让孩子从小体验到因没钱或钱不足而买不到自己迫不及待想要的东西而感到惋惜和无可奈何的情绪。这种情绪，使人难以忘却。这不仅使孩子进一步认识到金钱的价值和重要性，而且还能对想象力起着催化剂的作用，为追求更有价值的和美好的东西进行设计、策划，增长智慧。

第八章 言传身教,与孩子共同成长

❋ 不可对孩子有求必应

有两个种甘蔗的农夫，他们都想成为村子里最棒的农夫。于是，两个人决定要举行一场种甘蔗比赛，来决定到底谁是最能做的。

农夫甲在心里盘算了一下：如果用正常的方法竞争，最后的结果一定是不分上下。我一定要想个更好的耕作方法，来赢得这场比赛。

农夫乙像平常一样，努力地在田地里工作，3个月之后，他种植的甘蔗已经非常茂盛了。

而农夫甲想了一个投机的方法，他用甘蔗汁来灌溉，本以为这样种出来的甘蔗会长得更快更高更甜，结果没有过久，他种的一片甘蔗全都枯萎了。

最终这场比赛的结果，还是农夫乙凭借着本分、勤劳、努力的工作获得了胜利，并且得到了村民的一致好评。而农夫甲用投机取巧的方式，不仅输了比赛，还让自己的甘蔗全部枯萎，损失重大。

家长也一定要教育自己的孩子有这样的概念：想要得到的东

西，一定要通过脚踏实地的努力来获得，如果通过投机的行为，将是对自己的不负责。任何在学业、事业上有成就的人，也无一例外都是通过辛勤的努力换来的。

很多家长认为给孩子增加一些助力，他在人生道路上就会走得更顺。打个比方，在孩子上小学的时候我们会给孩子报提高班，希望用这样的方式帮助孩子提高成绩。事实上，通过观察可以得知：有的报提高班的孩子在最后考试复习的时候会拿出老师给的复习大纲，背现成的东西。家长觉得报提高班会给孩子带来优势，其实孩子赢在了起点却未必能赢到最后。有的孩子通过上提高班，形成了对老师的依赖性，不懂得倚靠自己的能力独立完成。这实际上就是一种拔苗助长。在以后孩子的成长过程中，还会遇到很多的困难，无论是升学、就业，作为父母又怎么能帮孩子一一应付？

在《格言联璧》中有这样的一句话："旋乾转坤的经纶，自临深履薄处得力。"正所谓不积跬步无以至千里，不积小流无以成江海。真正懂得帮助孩子生涯规划的父母，就应该告诉孩子脚踏实地是通向成功的必经过程，即便在这条路上不会有别人的喝彩和羡慕的眼光。

育才方案：不可对孩子有求必应

不会克制是好多孩子的通病。看到喜欢的玩具就抓住不放，想要吃麦当劳就非去不可。长此以往，孩子就会养成习惯，不懂谦让，没有耐心，干什么事情都要让家长帮忙。而且学习起来大多坐不住，容易沉迷于刺激性的电脑游戏而不能自拔，脾气也大都暴躁，稍一批评就张口顶撞，甚至离家出走。

面对父母的有求必应、百依百顺，孩子头脑中会逐渐形成这样一种思维定式：我要什么马上就能有什么。孩子会变得越来越任性，可一旦离开家庭走入社会，那种任性、暴躁、急功近利的性格肯定会令他在人际交往中遇到挫折和打击。那时候事事不顺心的他，往往不会从自身找原因，反而觉得别人有意跟他过不去，难免会与周围的人处于一种对峙状态，这对孩子的职业发展和健康的人际互动都是极为不利的。

有研究表明，作为父母要想让孩子体会到想得到满足是件不容易的事情，就应该沉得住气，培养孩子的"延迟满足"。

培养孩子的"延迟满足"能力关键就在于帮助孩子形成控制、调节自己的情绪和行为的能力。"延迟满足"不是单纯地让孩子学会等待，也不是一味地压制他的欲望，更不是让孩子"只经历风雨而不见彩虹"，说到底，它是一种克服当前的困难情境而力求获得长远利益的能力。

在孩子学习钢琴、小提琴等问题上，父母都可以用这种延迟满足的方式，故意让他比同龄的孩子学得稍微晚一点，让他先接触最经典的作品。等到他终于能够开始学习自己的兴趣爱好的时候，就会格外珍惜。这也是有的父母惩罚孩子"不许写作业"的一个原因，孩子通过等待和忍耐而得到的东西，才会认真去面对。当年，宋耀如先生培养宋氏三姐妹的这种忍耐力，让她们从很小就开始遵守基督教的教义，祷告、斋戒等，也是从延迟满足的教育角度出发的。

❖ 琐碎的事情让孩子独立完成

许多家长都认为，不让孩子受到一点点伤害，是为人父母的责任。大多数家庭都生怕孩子磕着、碰着，家长总是在生活中习惯代替孩子做一些事情，以为这样才是保护孩子。恰恰相反的是，家长这样保护孩子，只会阻断孩子和社会的接触，还会让孩子养成衣来伸手、饭来张口的懒惰心理，不懂得付出，也缺少对他人的感恩之心。

曾国藩是中国历史上一位很有影响的人物，他做官很成功，治家也很成功，因此备受推崇。当时他已是四个省的总督，在整个清朝几百年的历史中，从来没有一个汉人有如此大的权威。但曾国藩先生要求他所有的子孙，基本的生活，衣服也好，一些家务活也好，都不能留给底下的人做，都要自己亲自来做。曾国藩用这样的方法避免子孙好逸恶劳，也可以说是用心良苦了。

现在的快节奏生活，使家长失去了倾听孩子心声的耐心，在不知不觉中为孩子做了一切，让他在没有风吹雨打的环境下生长。事实上家长所做的事情只会弱化孩子的能力，并不是真正在帮助他。

育才方案：不要看到孩子一受苦就心疼他

　　身为教育孩子长大成人的父母，必须让孩子知道，在成长的道路上，不可能是一帆风顺的，成功往往是与艰难困苦、坎坷挫折相伴而来的。如今的孩子生活过于安逸，普遍缺乏经受磨炼的机会，因此，他很难学会忍受挫折和失败带来的负面情感，这对他的成长是极其不利的。父母要让孩子知道，他面临的是一个处处充满竞争的社会，"优胜劣汰"将是普遍现象，未经锻炼的翅膀难以搏击人生的风雨，难以在未来的竞争中取胜。父母要认识到，要想让孩子在竞争中立于不败之地，必须对孩子进行挫折教育，让他自小接受艰难困苦的磨炼，教会他敢于面对挫折，不怕失败，以培养他坚忍不拔的意志和毅力。在逆境中千锤百炼成长起来的孩子才能更具生存竞争力，这也是父母应为孩子尽到的义务和责任。

❋ 让孩子学会自己做决定

　　家长要有意识地把孩子看成是一个自立的人，使其能自行决定自己的行动，并且实行自己的决定。家长要努力培养孩子的自主能力，给孩子自主的机会，充分调动孩子自身的积极性。

所以，作为家长要注意从生活细节处着眼，培养孩子自己做决定的意识。但是，让孩子做决定之前，有几个关键的问题需要注意：

第一，不要给孩子太多的选择，如"你想穿什么颜色的毛衣？"孩子可能会提出家中没有的东西，若父母不能顺从时，反而会使孩子对父母失去信任。而应该问，"你想穿这件绿毛衣，还是那件红毛衣？"

第二，不能让孩子选择有害、不安全的事，因为孩子不知什么有危险。例如，冬天一定要穿棉衣，这没有选择余地，必须执行，但可给些其他的选择："这棉衣由爸爸给你穿？还是妈妈帮你穿？"而不能说："要不要穿棉衣？"

第三，孩子做决定时，不要给很大压力。如果孩子的决定不太合理、恰当，大人可给些提醒。如果孩子做决定后，遇到挫折，产生了失败感，父母也要给予帮助。孩子做决定的机会不可太多，以免给他太大压力。

育才方案：教孩子在争辩中长大

争辩是两个意见相左的人试图说服对方的一种行为，这种行为的前提是，两个人地位平等，精神上相互尊重。由于我们已经习惯将孩子视为父母的所有物，父母与孩子之间就不存在争论了，而是命令和要求。正确的做法是：让孩子争取主动权，主动表达自己的意愿。

父母常常希望孩子在将来的生活中不吃亏，但是孩子连表达自己意见的能力都没有，又怎么在社会生活中表达意愿、实现愿望呢？

在"争论教育"上，我们可以看到很多成功的实例，几乎所有巧舌如簧的人，在年幼时一定会和他人争论，说服别人，其中自然也包括与自己朝夕相处的父母。

撒切尔夫人的政治家气质，正是在和父亲的辩论中日渐积累的，同样，丰子恺鼓励孩子在与大人交谈的过程中发表自己的见解，锻炼他们的思辨能力。

孩子争辩的时候，表明他在组织语言表达观点，并要分析对方的观点，找到破绽加以辩驳。这至少有两点好处：一是促进大脑发育，一是增加家庭互动氛围，更利于孩子各方面的成长。

孩子争辩并不是不尊重父母的表现，既然真理只会越辩越明，父母又何须担心自己的威严会在争辩中消失呢？但是提倡争辩，并不是说让孩子胡搅蛮缠、随心所欲、口不择言。争辩是在讲明自己的道理，一旦孩子违背了这个原则，父母就应该制止。另外，争辩也不是凡事都要争论，那只会让生活陷入混乱，让孩子争论，是让他发表有价值的观点，而生活中应有的基本原则，是不提倡争辩的。

❉ 家务劳动人人有份

曾国藩曾经说过：看一个家族是否能够兴旺地延续下去，只要是看后代的表现就知道了。看后代的表现可以从三个方面来考察：其一就是看孩子是否早起，不贪睡的孩子懂得珍惜时间；其二就是看孩子是否读圣贤书，读圣贤书的孩子通达事理，在将来的人生道路上会走得更顺；其三就是看孩子有没有做家务劳动，经常做家务劳动的孩子不会是娇生惯养的，将来会懂得承担责任。

中国有句古话叫"习劳知感恩"，一个孩子只有经常做家务，才能更深刻地体会到父母的养育之恩。翻阅各种古代的教子格言，无一例外都会提到要孩子参加劳动。"黎明即起，洒扫庭除，要内外整洁；既昏便息，关锁门户，并亲自检点。"中国古代的这些小朋友大约在4岁就开始参与简单的家务劳动，这使他们从小就具备了很强的做事能力，在中国的历史上，二十几岁就当县长的例子，非常之多。

很多的家长会担心如果让孩子做家务劳动会影响他们的学习，事实上，做家务劳动不仅不会影响学习，相反还会促进学习成绩的提高，因为在劳动的过程中孩子可以体会到父母的辛劳，进而就激发孩子的孝心，当孩子要立志用好的成绩来回报父母的时候，他们学习的动力就会一发不可收拾。

孩子在劳动的过程中，不仅会更加体谅父母，而且劳动是让孩子接受锻炼的最好方式，经过劳动的孩子不仅身体会更加强壮，而且在做事的时候会显得更加干练。当走到社会中，懂得做人做事的孩子会更加受到长辈的爱护和提拔。

当今社会，需要的不仅仅是有文化、有知识的人，更需要既有知识又有能力的综合人才。只会说、不会做的人已越来越找不到市场。利用家务劳动锻炼孩子的动手能力，以及自己独立的生存能力，不失为一种好方法。

父母可以把一些简单、易做的家务，教会孩子做，让他们分担一些家务，可以训练他们的工作能力。让孩子尽早参加家里力所能及的劳动，可使孩子的生活充实、有趣。同时，在劳动中也能培养起孩子许多宝贵的品质，如责任感、独立性、自信心，以及珍惜时间和爱惜劳动果实等。

育才方案：让孩子当一天家

让孩子当一次家不仅可以锻炼孩子解决问题的能力，而且还能让孩子获得一定的技能和技巧。不久前的一项抽样调查显示，某个城市的高中生近六成起床不叠被子；五成从不倒垃圾，也不扫地；七成不洗碗，不洗衣服；九成从不洗菜做饭。还有部分高中生什么家务也不做，个别人连整理书包都还要家长代劳，更别说给他一次当家的机会。

这些家长的一片"苦心"，使孩子们不仅不会做家务，养成了衣来伸手、饭来张口的习惯，还以为别人为自己做什么都是应该的，却不知道自己也有关心与帮助别人的一份责任。

孩子小时，正是品性形成与发展的重要时期，极具可塑性。孩子虽小，却具有独立的人格，也是家庭中的一员，父母应该适时教育，加以指导，让孩子在家里承担一定的责任。

父母要放手、信任，不要干预，即使孩子安排得不是最合适，也不要当即否定，而是等第二天再与他一起总结，先让他自己提出改进意见，然后再补充。相信孩子对这样的活动定会兴致很高，也会十分用心和负责任，快乐与收获定会出乎你的意料。

❖ 对待孩子的朋友要友好

古人说到立志、立身时无不谈到择友。朋友间的相互影响是无形而巨大的。孔子说：友直，友谅，友多闻。这也是为他的学生确立的择友的标准。"亲附善友，如雾露中行，虽不湿衣，时时有润"，与好朋友交往，不仅对自己心智有益，也会使生活充满乐趣。在与朋友的交往中会快速地学到一些做人做事的方法和经验，快速地成长。

博恩·崔西说："不管在你的现实生活还是在想象中，你习惯相处的那些人，会对你想成为理想人物的目标有着极大的影响力。"

"你的目标应该是能够'与鹰共翱翔'。你的目标应该是要和你所知道最好的人为伍。你要和胜利者在一起，同时要远离那些自暴自弃、没出息的人。由于诸多无法掌控的因素，你身旁约有 80% 的人都是不甚积极、没雄心壮志、没有目标、不太成功之辈。他们在生活中并没有很大的成就。他们每天都在浪费时间，牢骚不断，并且一逮到机会就抱怨个没完。假如你和这种人在一起，就会变得像他们一样。你一定要谨慎地选择那些你愿意花时间交往的朋友，因为他们对你的思想、人格，以及发生在你身上的任何事情都会有影响。"

"你的目标就是要成为别人乐意为伍的人。当你变成一个更积极且更有魅力的人物时，你将发现自己会吸引其他积极有吸引力的人与你为友。"

"蓬生麻中，不扶自直。白沙在涅，与之俱黑。"荀子用这样的自然现象比喻了在生活当中朋友对我们的影响。孩子在家中，主要是受父母的影响，当他们走进了幼儿园、学校，融入了集体之后，就会和其他的小伙伴们朝夕相处，不自觉地会受到这些朋友们的影响，所以父母应该注意引导孩子，告诉他们和什么样的孩子交往，对什么样的孩子要敬而远之。

孩子小的时候，由于识别的能力比较弱，父母在这一时期帮孩子划定"交友圈"是有一定道理的。但在孩子长大之后，自我意识越来越强烈，如果这时父母要将自己的意志强加给孩子，就已经晚了。

育才方案：善待孩子的朋友

父母尊重孩子的小伙伴就是尊重孩子自己，他会在我们的尊重中得到欣慰和心理的满足，同时也会得到同伴的认可和接纳。否则他幼小的心灵中会留下阴影和创伤，在朋友中会遭到嘲笑和冷落。

一位家长中午回家，打开家门，发现上小学五年级的儿子正和两个同学"大吃大喝"，碗筷摆了一桌。儿子见妈妈回来了，忙站起来，叫了声"妈！"她没应声，两个同学站了起来，叫了声："阿姨，您回来啦！"这位家长一声没吭，径直走进屋里，"砰"地关上门，半天没出来，吓得孩子和两个小伙伴慌忙溜走了。到了晚上，孩子回到家，没有吃晚饭。尽管父母轮番相劝，孩子还是滴水未进，而且一连几天食欲大减，情绪低落，打不起精神，没有笑容。母亲这才后悔不迭。

孩子的小伙伴到家里来，是常有的事。从做父母的观点来说，到家中来玩的同学中，必然有较受欢迎的和不受欢迎的。若是能和自己的孩子安安静静做功课的同学，就是受欢迎的小客人；如果在进入别人家的时候，只知任意嬉戏的同学，则被列入不受欢迎的名单中！

这种感觉不过是人之常情，但不能太露骨地表现出来。当有不受欢迎的同学到家中来玩时，想尽办法逼着孩子们到外面去玩，或是很冷淡地对待孩子们，甚而责骂"你们安静点"等，这样不只会伤害到孩子的同学，也会伤害自己的孩子。

每个人都有被别人尊重的需求，不要以为孩子年龄小就不需要被尊重，教育学家早已告诉我们，伤害孩子的自尊心，是教育孩子的大忌。因为不尊重孩子不仅会使父母与孩子的关系疏远，还会使孩子尊严扫地，很难再以正常的心态去面对人与事，去面对自己的人生。

❖ 认真工作是人生的常态

从人类文明产生的时候开始，竞争就如影随形。我们要和别的物种竞争食物，和大自然竞争主动权，和生命竞争时间，更可悲的是，还要和同类竞争工作岗位、上升空间等。融入社会，就是参与竞争的开始，不管你怎样想，都要面对自己被淘汰还是录用的现实。培养孩子的竞争意识，让他知道竞争是生命中的常态，是生存教育的一剂强心针。

在孩子衣食无忧的年纪，如何培养孩子的竞争意识？如何保证他的心灵不会因为竞争的压力而产生诸如嫉妒、抱怨一类的负面情绪？这些都需要父母来示范给孩子看。

我们的工作中常常会有竞争，这时候父母可以直接和孩子说说自己的状态和准备情况。例如一个做销售的爸爸可以和孩子进行如下对话：

"我就要参与一个非常棒的项目了，但是这一次我们有四五个对手，他们也想把这单生意谈拢，这一次只有一个赢家，我得想点办法。"这些话是在告诉孩子，你目前正处于竞争的状态中。

"我们准备了两周了，包括对自己的产品的分析，对对手的产品优劣的比较……该做的都做了。"这是在告诉孩子，你已经尽了全力去准备。

假设结果是你们赢了，你可以说"幸好我们准备得充分，你看，只要自己准备得周密就能办好。"如果结果是你们输了，你可以说："这一次我们的对手准备得实在太好了，他们的介绍和产品都无懈可击，难怪我们会失败。我们下一次也要和他们一样。"

其实这个结果并不重要，重要的就是告诉孩子如何去面对结果。用你自己的行动来告诉他什么是"胜不骄，败不馁"，也通过自己的态度来告诉他只要自己尽全力了，就不要在意结果如何，能够肯定对手，自己才能学到新的东西。

作为家长，可能很多时候出于爱子之心，而忽视了鼓励孩子去竞争，培养孩子的竞争意识。很多孩子都会用"我不行"之类的话来避免参与竞争，这时候你是采取任何行动去鼓励他竞争，还是听其任之？

竞争固然会让人处于紧张的状态中，但正是这种紧张激发了我们的潜能。孩子害怕竞争是很自然的事情，父母不要通过施压来强迫他去参加自己不想参加的比赛竞赛等活动，而是要尽量让他觉得参与到其中会很有趣。

育才方案：和孩子谈《亮剑》——亮出自己

孩子爱看电视未必是一件坏事情，有时候，父母可以和孩子一起看看电视剧,学学其中的人生智慧,比如《亮剑》就是值得爸爸和孩子一起学习的一部电视剧。

李云龙、丁伟都是属于那种天不怕地不怕的人,打仗时咬住敌人就不松嘴,吞不下去也要撕下块肉来,一旦和敌人接上火,就谁也别想调动他了,哪怕是野司林总的命令也没用,不占点便宜决不走。辽沈战役的最后一仗,丁伟率一个师在辽西平原上咬住廖耀湘兵团,他不等后继部队到,便以一个师的兵力率先向廖耀湘兵团发起攻击,硬是如入无人之境,把对方一个兵团冲个七零八落。

丁伟和李云龙这种咬住敌人不放,不达目的誓不罢休的狼族精神使他们成为野战军中的王牌。如果拿出这种咬定青山不放松的精神来对待人生,那么,孩子也就鲜有达不到的目的。

能否具有不达目的誓不罢休的狼族精神,能否坚持不懈地叩击成功的大门,比其他任何东西都重要。只有抱着不达目的誓不罢休的信念去努力争取、努力奋斗,才能像李云龙那样打赢人生的每一场战役。

有智慧的父母懂得"授之以鱼不如授之以渔"的道理,让孩子主动亮出自己,这与让他拥有君子的品行一样重要。孩子都喜欢崇拜明星,如果他能把《亮剑》中的李云龙当成自己的偶像,多多和孩子一起说说这个人物的故事,把李云龙的故事印在生活中,这样的崇拜会帮助他克服困难,成为一个坚强的人。

❈ 接纳对手是一种气度

日本著名的剑圣——宫本武藏，在他获得了"剑道第一"的殊荣之后，许多剑客都来向他挑战，而他们来并不是为了讨论如何练剑，而是为了争究竟谁是真正的"天下第一"。小次郎的剑法在当时也很出名，很多人认为他的功夫和宫本武藏不相上下。结果，两个人在海边比赛，最后还是宫本武藏赢了。

后来，宫本武藏在自传中写到了那一次比赛，他认为自己能够赢，是因为在比赛的过程中完全没有把心思放在输和赢上，这正是"无心胜于有心"的道理。

宫本武藏晚年将大部分时间都用在了研习禅道，有一次他看到了两只斗鸡，突然间悟出了一个道理：人与人之间的争斗，就好比这两只斗鸡一样。在更高的地方，还有一对眼睛在看着我们。他悟出了胜和负并代表不了什么，那只是一个空幻的称呼而已。

除了人们熟知的"鹬蚌相争"之外，在自然界中也时时会出现这样的情景：两只鱼为了争夺活动的空间，互相撞来撞去，最后两只鱼都死掉了。很多人也是一样，把人生中最宝贵的光阴都用在了争权夺利上，不仅会让其他的人受到伤害，同时也使自己的内心更加的狭隘，永远束缚在自己的小圈子里，永远都体会不到"人外有人"。一心和别人比，是永远都比不完的。

很多的小孩子也会有这样的倾向：比一比谁家最有钱，看一看谁穿的牌子最好。如果别人比自己强心里就会比较不爽。孩子小小的心中已经填满了这些是是非非，将来又将以什么样的气度来对待别人呢？

这样宽容的气度将使人心平气和，家长也要让自己的孩子做个有肚量的人，"海纳百川，有容乃大"。海之所以大是因为把自己放在了最低的位置。豁达的孩子将是乐观的，这样的精神将会使他越挫越勇，人生的道路越走越宽。如果孩子总是因为一些小事情纠结其中，将最终绊住自己前进的脚步。

育才方案：给荣誉下一个完美的定义

荣誉感是一种促使人努力向上的道德情感，是一种积极的心理品质，它能使人产生履行道德义务的巨大精神力量。

英国唯物主义哲学家洛克在《教育漫话》中说过："荣誉虽然不是德行的真正原则和标准，但它是一种指导鼓励儿童的正当方法。"

可是，荣誉还有让人负重的一面，有多少年轻人在荣誉的压力下自毁青春；有多少成年人，在背负荣誉的光环时承受着更重的责任。这个时候荣誉已经不再是一种可以让人羡慕的声望，而是一种压在心里的沉重的包袱。

类似的故事在生活中经常发生。荣誉其实只是以"善意"之虚，行"伤害"之实。这不仅是孩子的悲哀，也是社会的悲哀。如何正确地培养孩子的荣誉感、激励孩子进步且不让压力压垮孩子，是家长最应该考虑的问题。

当孩子被评为三好学生或得了奖励之后，有些家长是漠然视之、无动于衷，甚至把孩子的奖状视作敝屣，这将使孩子的心灵遭受极大的伤害。而另一种家长是太过于重视孩子的荣誉，通过各种途径大肆宣扬。并对孩子动不动以荣誉相压，等于把荣誉神化了。假如有了这样的意识，一旦得不到荣誉，或者失去，孩子就会无法承受，产生心理障碍。事实上，荣誉是不可能永远光顾同一个人的。

对于孩子通过不懈努力得到的种种或大或小的荣誉，父母应该给予珍视，同时鼓励孩子继续努力，取得新成绩。但是，父母要告诉孩子的是，不可对名誉太过执着，也不要太过于在乎别人的眼光。只有这样，孩子才能够不断获取前进的力量，健康快乐地成长。

❀ 父母要善待自我，孩子才会珍惜生命

在这个日益复杂的社会里，父母非常有必要从小培养孩子的自我保护意识和自我防范意识，做到未雨绸缪。孩子们单纯天真，好奇心很强，但是，由于他们的生活经验和社会阅历少之又少，所以，对孩子进行安全教育是成长过程中至关重要的一课。

在西方国家，父母都十分重视对孩子的安全教育。对于有

车子的家庭，从怎么坐车到怎么开车，父母都会认真地遵守交通安全的基本规则。当孩子违犯规则时，父母会耐心地纠正，详细地告诉孩子安全知识，并告诉孩子发生车祸时怎样逃生、怎样急救、怎样报警。

而相对来讲，中国的父母的安全意识就比较薄弱。大多数的父母会怀着侥幸心理，认为意外不会发生在自己身上。有的孩子坐在车子上无聊，会把头探出窗外，而父母居然会熟视无睹。

生命中潜在的不安全因素来自各个方面，比如煤气、电、雷雨等。父母应该在平时的日常生活中，提醒孩子需要注意的问题，在不断灌输中，使安全防范的常识深深在孩子心中扎根，防微杜渐是最佳策略。

1. 让孩子了解和掌握生活中的最基本的安全知识，父母可以把一些必要的安全知识教给他，比如家用电器的使用方法和安全注意事项，药品的标志及使用方法，出门应该遵守的交通规则，不要随便与陌生人讲话，注意保护自己的身体，不要让锐器触及身体，等等。

2. 教给孩子发生意外情况的应急措施。比如让孩子知道煤气泄漏的时候要先切断电源、开窗通风，遇到意外状况要及时打电话，如110、119、120等。懂得一些基本的医学知识，如急救止血法等。

3. 培养孩子的自控能力。有的孩子虽然懂得要注意安全，但由于天性淘气，自控力差，有时玩起来会忘了安全，甚至造成受伤。因此，对于一些自控力较差的孩子，父母要在平时有意识增强孩子这方面的能力。

安全关系到孩子一生的快乐，父母应该多用心教孩子一些安全知识，培养孩子的安全观念。这样，会使很多本不该发生的事情得以避免。

育才方案：父母要善待自我，孩子才会珍惜生命

父母总是会把最好的东西留给孩子，给孩子补充各种营养，但不要忘了，我们自己也需要很好地调理，越是觉得自己的责任重要，越有必要照顾好自己的身体健康。很多家长认为保养就是吃营养品，其实并非如此。早上起床的时候喝一杯蜂蜜水，晚上睡觉之前一杯牛奶，偶尔喝一点红酒，一点也不奢侈，反而能让孩子看到自己在用心生活，留下温馨的印象。

有了家庭，并不意味着就要放弃社交，放弃朋友。如果有条件，把朋友请到自己的家里，和大家开开心心地聊天，说一些过去有趣的事情，这在孩子的心中有很重要的意义。孩子会看到友情的美好，意识到每个人都能有几个好朋友。孩子也会积极主动地去认识新的人，并且申请带回家来。有了很多朋友，我们就不用担心孩子太孤独、太悲观了。友情能让人的生活变得丰富很多。

父母善待自己，这并不是自私自利。如果连自己的生命都不能善待，孩子又怎会感受到人生的美好呢？

✿ 培养孩子正确的金钱观

很多父母热衷于为孩子创造最好的物质条件，而不是教给他们自力更生的能力。古代有智慧的父母从来都不会给孩子留下财富，担心他们会坐吃山空，会丧失谋生的能力，这样的做法，是为孩子的一世着想。聪明的父母会把谋生的本领传授给孩子，"一技在身，胜过家财万贯。"

父母给孩子最好的礼物，不应该是限量版的耐克或芭比娃娃，比有形的财富更重要的是在保护中让他前进、尝试的环境。用金钱来奖励，其实是扼杀了孩子尝试的机会，让一切想要的东西都变得简单、唾手可得。他们就失去了支配自己的生活、教育自己、锻炼自己的能力和意识。

民国时期，曾国藩的外孙聂云台先生，写了一本书叫《保富法》，因为当时聂先生长期居住在上海，就留心观察了一下上海的有钱人。在他的书中，有介绍了一个周姓的商人，他是开钱庄的，很有钱，并且在各地有很多的分店。有一次由于某地发生了灾祸，当地这个分店的主管拿出了500两用于赈灾，这位周先生知道了之后把主管骂得狗血喷头，其吝啬的程度可见一斑。周先生对旁人讲："我之所以有这么多的钱，方法只有一个，就是聚财，不散财。"

周姓商人到他临终的时候，他的财产已经达到了3000万银元。他有10个子孙，每人分了300万。后来聂云台先生就观察周家的这 10 个后代，在短短的数年中，所有的子孙都把钱败光了，甚至有人走在街上乞讨。

马克·吐温如今是美国历史上最有名的作家之一，有谁能想到，他年幼的时候曾为得到一块面包而祈祷，最后却给后人留下了丰富的精神食粮！无论是对艺术家、科学家、演员还是对建筑工人、农民，勤劳是所有人创造财富的不二法门。

育才方案：避免孩子的攀比

攀比心理产生的根源是很复杂的，孩子到学校之后，要独自面对同学们，要接受各种各样的信息，有时难免会盲目攀比。没有一个孩子愿意承认自己比别人差，他们希望得到成人的肯定，他们对自己的认识也往往来自于成人的评价，而这种肯定式的评价对孩子自信心的培养亦是尤为重要的。父母总是强调孩子比别人差会使孩子经常自我否定，当孩子遇到困难就会恐慌、退缩。而且，当父母总是拿孩子和同龄人比较的时候，孩子也会关注同龄人的爱好、打扮、流行的话题，这样很容易就养成了从众、攀比的心态。

"别人……你为什么就不能……"这是许多家长训孩子的口头禅。"我们做父母的舍不得吃舍不得穿，一心只想孩子好好读书，可他就是不争气。我姐姐的孩子比他还小 1 岁，学习从来就没让父母操过心！我横看竖看，我们的孩子不比别人差啊，别人行，他为什么不行？"

你越是这样说，越是在伤害孩子。父母要学会欣赏孩子，不要总是拿自家的孩子与别人比较，孩子之间是无法比较的。只有让孩子的目光从看别人转向看自己，才能知道自己需要什么、目标是什么，而不受外界的左右。比较总是会让自己产生自卑，内心的满足感和智慧才是理财最终的目标。

❋让孩子学会自主花钱

孩子的"第一桶金"都是从零花钱开始的，他们最初可支配的财富注定是这些"不劳而获"的压岁钱、零花钱，花起来"心狠手辣"也是在所难免的事，吃零食要花钱，出入网吧、KTV要花钱，穿名牌、互送礼物更要花钱了。孩子手上的钱一多，保不齐会沾染吸烟、酗酒、赌博、拉帮结派的事情，所以零花钱的管理，是家长的当务之急。

有的家长对孩子的零花钱采取严格控制，但过度限制让孩子少了很多独立理财的机会，这和过度放任一样不妥。关于零用钱的给法，要把握如下的三个关键因素：

一是要定期给。固定多长时间给孩子一次零花钱，这样有助于培养孩子的理财能力。不能没有节制地随要随给，这样极容易养成孩子乱花钱的坏毛病。

二是要定量给。孩子的零花钱给多少，量的控制以基本够花的数量为宜，利于孩子从小养成节俭的好习惯。

三是特殊情况特殊对待。如果遇到孩子有集体活动，比如参观游园等，可以适量额外给孩子一些钱，鼓励他参加集体活动。

在给孩子零花钱的时候家长要掌握一个原则：家人之间的相互帮助和自己力所能及的事情是不能算钱的。因为父母除了要给孩子理财教育，还要给孩子一个责任教育，不能把孩子培养成一个唯利是图的人。

在孩子的成长过程中，金钱的运用是一项很重要的社会学习，它深深影响孩子一生的人际关系与人格、心理的发展，无论采取过度限制还是过度放任的做法，都是不妥当的。总结父母对孩子零花钱的控制，只有两句口诀：尊重所有权，干涉使用权。让孩子充分自由地管理自己的钱财，但是真正花起来的时候，还是要给一些参考意见，至少不能买不宜孩子身心健康的东西。

育才方案：教孩子有计划地用钱

在现代生活中，理财能力是孩子将来在生活和事业上必须具备的最重要的能力之一。这种能力的培养应从少儿阶段就开始进行，抓得愈早，效果愈佳，否则将会非常被动。

因此，父母培养孩子以积极主动的姿态确认金钱的重要性，让孩子从小懂得金钱的价值、使用技巧、正当投资、节俭等正确的积累方式及金钱与人格的关系等，成为有着精明的经济头脑和管理能力的人。正如一位经济学家说：孩子不能在金钱无菌室里培养。

其实管好孩子零用钱,是培养孩子理财能力很重要的一方面。首先零用钱要给得适当。一是数额要适当,要根据家庭经济状况和孩子的合理需要统筹考虑。二是时间要适宜。根据孩子的年龄,对不同阶段的儿童零用钱发给的数目与时间可以不同。

零花钱的数额必须适合孩子的不同身心发展阶段和生活范围,并考虑到家庭收入、当地经济生活水平和物价等各种因素,总的原则是比孩子所需数额稍低一些为佳,定期发给较合适,1个月1~4次。其原因是,如果孩子要多少给多少,想买啥就买啥,一切都能随心所欲,孩子就不会懂得金钱的价值和财富的宝贵。反过来,自己的愿望得不到满足时,孩子就会感觉到钱不能乱花,东西也不能乱扔,开始领悟到钱应该省着点花,动脑筋少花钱多办事,或者为了买到自己喜欢的东西而积攒零花钱。

✤ 懂得爱惜,更要懂得分享

懂得分享的人,让自己的知识为别人增值,别人也会以同样的方式来回报你,这样的财富增长才是一个良性的循环。新一任的联合国秘书长潘基文说自己的"武器"也是分享。

"我竞选这个职务,不是为了个人名誉,更不是争夺个人利益,当选联合国秘书长就意味着责任和奉献。我希望在我的任期内,通过各方面的努力,让全世界的人民,不分种族、性别、国籍,都能过上幸福、和平、快乐的生活。"这是潘基文在就职演讲中说过的一句话。

短短的话语中,充满亲切和爱,人们看到一个懂得分享的领导者,分享努力带来的幸福和快乐。

分享是一种力量,在选择给予别人的同时,自己本身也已经收获到心灵上的慰藉和温暖,更何况善行的背后,往往是源源不断的资源自发地朝分享者聚拢。

让孩子学会分享,说来容易,做来难。如果孩子还小,父母可以以身作则来示范分享,多和邻居往来,多和孩子讲讲自己的故事,在生活中把分享演绎得自然而然。

当孩子乐于与他人分享的时候,他的快乐就变成了双倍的快乐,他的忧伤也只剩下一半。如果孩子能够做到真正地乐于分享,他也就体会到了生活中真正的乐趣。作为家长,在鼓励孩子"乐于与人分享"的同时,一方面要培养孩子大度、自然抒发感情的意识和能力;另一方面要培养孩子体贴他人、自信、豪爽的性格。

育才方案:教育孩子拿出自己的好东西与人分享

"这是我的,不许你们玩!"再乖巧的孩子,也可能说出这样的话来。

其实,一枝花朵不可能点缀一个春天,家长应该学着培养孩子乐于分享的意识,让"我们一起玩"取代之前的独享和蛮横!

作为父母,你教导孩子学会与人分享了吗?孩子与伙伴玩耍时,你是否教孩子与他人一起分享玩具?孩子遇到高兴的事情,你是否鼓励他去说给伙伴听?

父母在鼓励孩子"乐于与人分享"的同时,一方面要培养孩子大度、自然抒发感情的意识和能力;另一方面要培养孩子体贴他人、自信、豪爽的性格。还应该增加孩子与他人交往的机会,使孩子认识到人是离不开他人的,人与人之间是需要互相扶持、互相慰藉的。

在日常生活中,家长关心别人、帮助别人,自然会给孩子潜移默化的影响。父母要做与人分享的模范,经常主动地关心和帮助别人。做了好吃的点心分给邻居尝尝,毫不吝惜地借给别人需用的物品等,都会为培养孩子的分享意识起表率作用。这些行为都无声地鼓励着孩子与人分享,这样的孩子也会有人愿意与他分享。

第九章 学会倾听,陪孩子走过青春期

❋ 关注孩子的心理健康

有时父母会发现自己的孩子有时出现情绪不稳定、容易激动和哭泣等现象，很可能是由于患上"隐性缺铁症"而引起的，这是缺铁症状的一种表现，之所以称之为"隐性"是由于孩子并没有明显的贫血症状。

小玲原本是个乖巧柔顺的孩子，可是进来脾气突然暴躁了很多，即便是无所谓的小事情也会让她大发雷霆。母亲发现小玲有点不对劲，就带着她去看心理医生，可医生说没有什么问题，建议检查一下铁元素。结果真的是由于铁元素含量过低作祟。经过大夫的调理，小玲的脾气才正常。

虽然铁元素在人体中的含量微乎其微，但如果一旦缺少铁，就会导致血红细胞的含氧量降低，进而影响大脑的营养供给。并且从生理上来讲，女性比男性更需要铁元素。有一些进入青春期的少女，出现情绪不稳定、疲乏、注意力不集中、记忆力减退和学习成绩下降等症状，就与体内缺乏铁元素有很大关系。

因此，"以铁安心"才能恢复往日的平静。身体内有足够的铁,才能满足旺盛的机体代谢的需要。如果孩子对蛋类、大豆、动物肝脏等含铁量较高的食物摄入量过少,就会导致铁元素吸收来源的减少,最终导致体内缺铁。

如果孩子出现了在情绪上的异常现象,父母应该尽快带他到医院检查一下是否缺乏铁元素,如果低于正常值,就应该给予及时的治疗,服用葡萄糖酸亚铁、硫酸亚铁、人造补血药等,同时可服用维生素 C 等稀盐酸合剂,以促进铁的吸收。

在饮食上,应该注意多吃含铁元素的食物,诸如鸡蛋、紫菜、海带、海蜇、红枣、黑木耳等,同时多吃富含维生素 C 的蔬菜,如芹菜、韭菜、萝卜叶等。尤其针对有些女孩的节食现象,要注意加以纠正,讲究科学饮食,以免伤害正在发育中的身体。

育才方案:找到反映孩子健康的"信号"

如果孩子出现了营养不良的情况,身体表面的特征就会出现相应的反应,父母要采取必要的措施,为孩子补充营养。

观察头发:如果孩子的头发容易缠卷在一起,出现脱发的现象,说明孩子的体内缺乏维生素 C 和铁质。如果头发的色泽变浅、变淡,这就是维生素 B_{12} 偏低的信号。

补养方法:多吃乳类食品、肝脏、鱼类和豆类,并补充 B 族维生素。

观察唇部:如果孩子出现嘴唇开裂、脱落、唇线模糊的症状,说明他缺乏维生素 B 和维生素 C。

补养方法：多吃青菜、柑橘、西红柿、马铃薯。

观察舌头：如果发现孩子的舌头过于平滑、味蕾变得突起、发红、舌尖两侧发黄，说明他缺乏叶酸及钙质。

补养方法：多吃动物肝脏、菠菜，可以适量服用含叶酸成分的 B 族维生素。

观察指甲：如果孩子的指甲上有白点，表明他缺锌；如果指甲容易断裂，说明他缺铁。

补养办法：多吃菠菜、肝脏和猪、牛、羊肉，或者服用含有锌的多种维生素。

❋ 陪孩子一起拒绝不健康饮食

现在生活条件好了，很少听说会有谁家的孩子严重的营养不良，相反有越来越多的孩子是由于营养不均衡或者营养过剩而导致各种疾病。

在中国农村有很多长寿的老人，在乡下偏僻的地方，活到 90 岁、100 岁还能正常自理的人很多。后来有研究人员分析他们长寿的原因，结果竟然是：他们没有东西吃！他们的生活非常简单，简单的饮食反而很健康。俗话说"病从口入"，现在社会上流行太多的垃圾食品，不知不觉中在危害我们的孩子。

世界卫生组织曾经公布有十大垃圾食品，这些食品就在我们的生活中，很多孩子都到了离不开这些食物的地步：

1. 油炸类食品。这一类食物是心脑血管的病根，容易致使血管阻塞，很多的中风病人还有动脉硬化病人都有喜欢吃油炸事物的嗜好。同时，这种食物也很不容易消化。

2. 腌制类食物。那种腌得很咸的食物会导致鼻咽癌或溃疡，通过了解腌制食品的制作过程就会知道，在腌制的过程中会产生很多不好的细菌。

3. 肉制品。新鲜的肉如果不放到冰箱里，只要几小时的时间就会变臭。而有的肉制品却可以放很久，毫无疑问肯定是加入了防腐剂。此外，肉制品中还会含有大量的亚硝酸盐，这是三大致癌物之一。

4. 饼干类食品。为了顺应消费者的胃口，很多的饼干都做成各种夹心口味。实际上这种饼干含有大量的糖精、热量，极容易转化成脂肪，使人发胖。有很多的欧美人由于吃甜食都会变得很胖，有的甚至坐飞机的时候一个人要占好几个位子。

5. 汽水类饮品。汽水中的物质对胃黏膜的损害很大，增加胃内膜的摩擦力，长期喝汽水的小孩胃功能都不会很好，会得胃炎甚至胃溃疡，严重影响食物消化和营养吸收。

6. 方便面食品。泡面的味道实在是很香很诱人，但是没有什么营养，含热量很高，防腐剂也很多。尽量少吃最好不吃。

7. 罐头类食品。罐头食品中的食材都不是新鲜的，而且含有大量防腐剂。

8.蜜饯类食品。很多话梅还有果脯,在制作的过程中放入很多添加剂,所以这种食品含有大量的毒素。很多节目都曝光过话梅的制作情况,都是直接用脚踩,情景实在恐怖。

9.冷冻类食品。人的身体好比是一部常温37摄氏度的机器。如果突然用冷的食物刺激,会耗损体内的很多能量,使人的体质在一点点下降,其危害不言而喻。

10.烧烤类食品。研究数据表明:一只烤鸡腿的毒素相当于六十只香烟。在食物烟熏的过程中会有很多的致癌物附着之上,对身体的损害极大。

此外,还有很多小孩喜欢吃"麦当劳"这样的快餐食品。这种不能算是垃圾食品,但是属于营养不均衡食品。食物中所含的营养素很不均衡,多吃对身体无益。

不合理的饮食习惯,是导致学生营养状况不佳的主要原因。中小学生存在着的不合理的饮食习惯,给健康带来了负面影响,更严重影响了学习成绩。

育才方案:让孩子远离不法食品商贩

小的食品摊贩由于没有合法的营业执照,缺乏监管会使食品的质量存在重大的安全隐患。时不时会有一些黑幕报出来,让我们胆战心惊。一会儿是麻辣香锅里的口水油,一会儿是放了罂粟的贵州酸菜鱼,一会儿是放了敌敌畏的四川泡菜。说不定什么地方就会暗藏杀机,把孩子的健康交给那些不法商贩,实在是一种冒险行为。

很多家长在这一方面的重视还不够，比如有些妈妈不喜欢特意早起做早餐，就把钱放在桌子上让孩子自己去买。这就为孩子的健康造成隐患，由于没有自制力，很可能就被小摊的色香味所引诱，去买那些不干净的食物吃，长期下去对身体必然有害。所以我们作为父母要为孩子把好健康关，尽量让他在家吃既干净又有营养的食物，不要给孩子创造接触小摊贩的机会。如果看到了关于食品卫生的曝光新闻，父母也要及时反馈给孩子，让他心中有数。

✿ 正确看待青春期孩子的行为

如今青少年早恋已成为家长和老师无法回避的问题。中学校园里出双入对早已不再是什么新闻，"单飞"的孤雁反倒成了"另类"。现在学校和家长对此问题都处于一个十分尴尬的境地。

处于青春期的孩子容易情感冲动，十分脆弱，情绪又不稳定，考虑问题简单，很少顾及后果，这种心理状况使早恋好像天边的浮云一样变幻莫测，早恋者的情绪也会随之波动起伏，反复无常，而父母却因此操碎了心。

一般说来，孩子早恋主要有以下两方面的原因：

一是由于缺少家庭的关怀。父母只知道为孩子忙着赚钱，尤其是经常出差的父母，没有时间和孩子谈心，还有一些家长只关心孩子学习，却不关注孩子的身心发展情况。而且青春期的孩子情绪本来就不稳定，心里话无处倾吐，只有寻找同龄人沟通。男生之间志同道合，把握不好就会陷入哥们义气的泥坑；男生与女生之间的交流，找到共鸣后，就会有一种互相依赖崇拜的感觉，时间一长就会转化成早恋。

二是因为处于青春期的孩子自我意识增强，同时有了自己的思维和见解。有时老师家长不能认真地聆听，甚至以为孩子说的只是年少轻狂的胡言乱语。采取冷漠对待或是指责，这是代沟造成的局面。孩子没有沟通的对象，又很想得到别人的理解和承认，就开始在同学中寻找共鸣。这也是早恋出现的一个原因。

对于那些正处于青春期的少男少女，情窦初开的他们对于感情总是有一种朦胧的认识，觉得很纯很美，再加上好奇心的推波助澜，这些孩子就可能会不由自主了。所以，为了避免让孩子的身心受到伤害，防患于未然是一件很重要的事情。

细心的家长不难发现，孩子的早恋往往与生活单调、没有目标有关，因此，充实孩子的生活，帮助孩子寻找生活的意义，可以有效地转移孩子对"早恋"的注意力。

另外，父母应该多和孩子沟通、交流，多举行一些家庭集体活动，增进父母与孩子之间的感情，以便能及时了解孩子的心理和情绪变化，及时教育。适当的时候，告诉孩子什么是爱情。

育才方案：巧妙地利用"异性效应"

处于青春期的孩子由于性意识开始逐渐觉醒。在心理上强烈地意识到了男女有别，并且会发现男女之间的交往和同性交往之间，无论是交往方式上，还是交往内容上，都会有许多不同。因此会不可避免地对异性有一种朦胧的好奇心。

直到有一天，家长发现自己的孩子开始注意仪表和谈吐，有时会表现出对某个异性很有好感，在异性的面前会表现出慌乱、羞怯和不知所措。家长千万不要担心，这些都是正常的心理变化。

并不是说和异性交往就完全不好，男孩和女孩在一起交往的过程中会不断完善自己的个性，对心理的健康成长是有益的。但是孩子正处于成长的关键阶段，身心发育都并不完全，情感并不理智，所以作为父母应该引导自己的孩子与异性相交往时要把握好分寸。

首先，告诉孩子与异性相交往要互相尊重和理解，在交往过程中不可太随便，一举一动都要大方得体。

其次，要嘱咐孩子与异性交往时要注意公共场所的选择，尽量避免那些过于偏僻和昏暗的地方。如果是在房间内单独谈话，更不能紧闭门窗。

❋ 理性引导追星行为

　　耀眼的灯光、闪烁的霓虹、靓丽的装扮……星光灿烂的舞台上，明星们的美丽与光彩让孩子陶醉其间无法自拔，于是为了买一张偶像的演唱会门票，孩子省了3个月的早点钱，还搭上了去年的压岁钱；为了准时听到偶像的歌声，孩子会逃课去听演唱会。当老师的电话打到家里的时候，作为母亲的你心急如焚："我到底该怎么办才好呢？"

　　其实羡慕和崇拜名人并没有错，这是孩子普遍的心理。但是由于缺乏自制力和辨别能力，孩子对名人的崇拜往往会陷入一种盲目，只看到名人表面上的光环，到底什么人是值得崇拜的，心中并没有一个标准。其实父母们不必担心，只要引导得当，"追星"并不是一件坏事情。

　　对于这个问题，其实家长们能够做的很多，比如选对崇拜的对象，即孩子所崇拜的对象身上一定要有一些可供孩子学习和参考的积极方面，摒弃追星时的盲目狂热，而是把明星当作一种榜样。

　　一个人成功的背后总有泪水，在这些光彩照人的明星背后，其实隐藏着的都是无数的努力与奋斗。很多的明星用自己的亲身经历告诉我们，只有不放弃加上努力，才能得到成功。当孩子明白这些故事，全面地认识到美丽背后就是奋斗，自然会对明星们产生一个正确的认识，而不仅仅是盲目的崇拜。然后家长可以顺势利用孩子对名人的崇拜进行教育。崇拜的对象为孩子们提供了直接的思想言行规范化的模式，让被崇拜人物的高尚品德、创业意志和献身精神影响和感染孩子，启示孩子该如何去对待生活、对待事业、对待未来，以及对待成功与挫折。

育才方案：为孩子的梦想护航

俗话说，心有多大，舞台就有多大，梦想决定着人生的成就，而在每个孩子的内心深处，都有一个属于自己的梦想。父母在教育孩子的时候，所要做的就是要鼓励孩子向着目标前进，而不是轻易打碎孩子的梦想。

孩子小时候往往会有一些稀奇古怪的梦想，比如长出一对天使般的翅膀、长出一只犀牛那样的犄角，或者是自己有三条腿，能够跑起来更快……这个时候，家长千万不能因为孩子的想法光怪陆离就嘲笑打击他们：宝贝，你的梦想永远也不可能实现宝贝，你能想点实际的梦想吗？

对于孩子来说，他的任何一个梦想都是宝贵的，当孩子放飞自己梦想的时候，父母所给予的，应该是一颗呵护的心和一双保护孩子梦想成真的手。当孩子灰心失望的时候，可以提醒他"你还有这样的梦想"，这比任何鼓励都更有力量。

很多家长都喜欢把自己的想法强加给孩子，总是说希望孩子将来能够成为一个什么样的人，可是从来没有考虑到孩子的兴趣。作为父母，我们也无权剥夺孩子的理想与自由，他有按照自己想法发展的权利,父母只要在一旁给予支持,就足够了。

孩子能有自己的梦想是难能可贵的,家长在家庭教育中一定不要扼杀孩子的梦,要呵护孩子的梦想,为他的梦想护航。

❋ 杜绝暴力,从父母做起

著名的钢琴演奏家郎朗出了一本自己的传记《千里之行:我的故事》。至今他回忆起自己的童年都不免一阵心酸:爸爸以为我贪玩没有准时学钢琴,歇斯底里地吼叫,'我为了你放弃我的工作,放弃我的生活!……你还不练琴,你真是没理由再活下去了,只有死才能解决问题……'爸爸竟真的拿起一个药瓶让郎朗全部吞下去!回想起过往种种,郎朗仍有后怕。"每年的年三十,我也必须练完八小时琴再吃年夜饭,菜都凉了……小时候,父亲对我太激进了,其实那是对小孩的一种摧残。"郎朗当着父亲的面如是说。

"独裁爸爸"并不是一个新鲜词汇,绝大多数家长还是在想着怎样把控好自己的家庭,怎样维护自己的尊严和权威,似乎在孩子面前不能发号施令便是一种耻辱。在这种独裁作风下,亲子之间的关系怎么能做到和谐呢?

有的父母不仅不会教育孩子,还用责骂和暴力去伤害孩子,给孩子的成长留下痛处,让孩子对父母、对家庭产生逆反的心理。

在爱的环境中成长，孩子懂得了尊重和感恩；在恨的环境中成长，孩子记住了伤痛和仇恨。就算是以爱孩子的名义，父母也需要尊重孩子，平等地看待孩子。暴力和粗鲁的教育只会削减教育的效果，只会让孩子觉得父母的心离自己越来越远。

育才方案：给孩子适度的自由空间

一家人出去聚会的时候，你询问过孩子想要去哪里、想吃什么吗？当宴请宾客的时候，你把孩子当成家族中的一分子来让他行使主人的权利吗？当孩子不喜欢上辅导班的时候，你听取过他的理由吗？有太多太多的小细节，都说明我们对孩子尊重得不够。当一个人察觉到自己不被尊重的时候，他就很难有责任感、羞耻心、感恩之心、自信自重等良好的情绪。

著名的教育家蒙台梭利认为，自由是儿童可以不受任何人约束，不接受任何自上而下的命令或强制与压抑，可以随心所欲地做自己喜爱的活动。在压抑的环境中成长的孩子无法展现他们的原来本性，就像被大头针钉住了翅膀的蝴蝶标本，已失去生命的灵动。

这里所谓的给孩子自由，不同于放纵或无限制的自由。而是一种对生命的尊重和敬畏。

孩子在真正的自由空间中可以发挥出自己的潜力，可能是我们家长无法想到的。而这个自由环境的前提，就是爸爸和妈妈要尊重孩子。

西方人在家庭之间经常相互称呼名字，可能孙子会直接叫爷爷的名字"乔治"，但这并不表示西方人忽视长幼尊卑，这其实体现了对孩子的尊重。比如说，他们对孩子提问的时候，也先问一句："我可以问你一个问题吗？"而我们的父母，总是直接地表达自己的疑问，很少考虑过孩子愿不愿意回答。

人的成长过程实际上是一个心灵的成长过程。父母需要做的，就是去感觉孩子的成长规律，遵照这个规律来为他及时地提供成长的条件，让他自然地成长起来。因而父母要做孩子心灵上的仆人，而不是主人。

❋ 尊重孩子对异性的好感

异性相吸是自然界中的普遍现象，处于青春期的孩子，随着性意识的渐渐觉醒，朦胧中对异性产生了渴望和爱慕，这也是一件很自然的事情。这里需要提醒父母的是，不要把孩子的正常交往，如相聚聊天、结伴游玩、一块儿看书、做作业等误认为是早恋，从而加以指责。有些父母错误地认为，男女同学在一起就必定是"早恋"，因而忧心忡忡，疑神疑鬼，不让孩子随便出去，平时也不让孩子与异性同学结伴回家，这样的做法势必会对孩子的心灵造成伤害。

父母应该相信自己的孩子，在一般情况下，男女同学的接触是很正常的。如果发现孩子与某一异性交往过密，父母应该巧妙地加以引导，让孩子懂得，异性交往不要太集中于某一个人或一个小范围，否则会失去与多数同学、朋友接触的机会。

那么，面对青春期的孩子，我们是否应该粗暴地制止他和异性接触呢？当然不是，我们要做的不是阻止孩子和异性接触，而是要引导孩子正确地与异性交往。这样既满足了孩子与异性交往的心理需要，又增加了了解异性的机会，减少了彼此之间的神秘感。

父母首先应支持孩子与异性进行交往。课堂上的讨论发言、课间的谈天说地、课外的游戏活动等，都创造了交往机会。在浓浓的集体气氛中，即使是性格内向、不善交际的孩子，也可以与异性大胆交谈，免除了独自面对异性的羞涩和困窘。在集体中与异性交往，大家各取所长，或幽默健谈，或聪明善良，或乐观大度，或稳重干练……使孩子在吸收众人优点的同时，开阔了眼界和心胸。

此外，父母应该多和孩子沟通、交流，组织一些家庭集体活动，使家庭的氛围更加融洽，以便能及时了解孩子的心理和情绪变化，及时教育；同时也能增强家庭对孩子的吸引力和父母在孩子心目中的威信，避免孩子过多地从外界寻求关怀与理解。

育才方案：预防女孩的"恋父情结"

作为父母，听到女儿说想要嫁给爸爸，一定会付之一笑，认为只不过是小孩子不懂事，说说而已，也无须在意。其实不是这样的，这里面隐藏着某些不良的因素。诚然，在家庭教育中，父亲对女儿的巨大影响不可否认。父亲是女儿形成性别意识、定位性别角色的第一个老师。如果没有父亲的参与，孩子会过于依恋母亲，因此也极易变得幼稚与依赖。

恋父情结是由弗洛伊德首先提出来的，弗洛伊德认为，"恋父情结"是一种性心理障碍，也称作性心理倒错。男孩爱恋母亲，嫉妒父亲；女孩亲近父亲，嫉妒母亲。弗洛伊德认为，这是一种本能的异性爱的倾向，一般由母亲偏爱儿子和父亲偏爱女儿促成。

恋父情结对女孩的生活有着消极的影响，如果女孩在成长的过程中，始终无法与父亲实现心理分离，以后与同龄男性的正常交往及至婚恋时会受到严重影响。这样的女孩总在有意无意寻找父亲式的恋人，但即使找到了，相处也会成为问题。

对于女孩的恋父情结，父母要在思想上引起重视，给予引导与克服。

首先要帮助女孩走向同龄同性伙伴，结交同性朋友，为将来青春期结交异性朋友做好铺垫。

其次是要行为配合。女孩的"恋父情结"，主要源于其婴幼儿期父爱的过溢与母爱的不足，因此，矫枉时必须过正：一方面，作为父亲，应坚定而巧妙地暂时疏远女儿；另一方面，作为母亲，则应奋起直追，行为上亲近女儿，满足女儿的诉求。

❉ 让孩子拥有爱与被爱的能力

进入青春期的男孩女孩,都会对爱有一种朦胧的感觉,但又不是很了解爱的含义到底是什么。由于现在的社会风气,那些靡靡之音时刻在危害孩子的意识,在他们的心目中可能会觉得"人不轻狂枉少年",觉得爱就只是男女之情,这种认识很片面,对爱的理解也很歪曲。

父母还可以从以下几个方面来为孩子讲解爱的含义,以及告诉他们应该以怎样的态度来对待周围的人,让他们了解到爱是很美好的事。

1. 爱的感觉是温暖的

所谓爱的感觉,就是在与亲人交往的过程中感觉很温暖,怎样才能感觉到温暖呢?这就要求对方处处为你着想。父母应该教育孩子永远用一种爱心去对待别人,让别人能够感受到温暖。

2. 爱的语言是正直的

真正负责任地去爱一个人,并不需要花言巧语去夸奖别人,而是用真正的付出来帮助别人,不正直的语言就好像是蘸上甜蜜的利刃。但是一般的孩子,尤其是小女孩,更容易被好话所蒙蔽,作为家长要帮助孩子分辨清楚。

3. 爱的心地是无私的

一个真正有爱心的人,不会只对一个人有爱心,而是对所有的人都有爱心,对所有的人都很关怀,这才是正常的出自于人本来的爱心。而一个人首先要懂得孝敬父母，友爱兄弟，把做人最根本的先做好，对他人的关怀、那种情谊才是真的。

育才方案：让孩子拥有爱的能力

　　一个人只有懂得先伸出自己的手，才能握住别人的手；而有过被爱的深切感动者，更能有爱别人的能力。这样的道理用在亲情、爱情、友情都一样。如果为人父母者想要培养出一个富有爱心的孩子，让他长大能懂得自爱、爱人，就要从小让他学会爱，拥有爱的能力！

　　什么是爱心？爱心并不是打电话到新闻媒体去宣扬"我要献爱心啦"，也不是在镁光灯的闪烁之下向某慈善机构捐款，而是通过自己的努力去帮助别人，同时自己也怀着一颗感激之心去生活。努力做一个具有爱心、乐于助人的优秀的人。这才是孩子健康成长的基石。

　　培养爱的能力，父母应该给孩子提供"爱心"教育机会。比如带孩子搭公车时，看到有老人上车，父母自己以身作则起来让座，就是让孩子感受到"博爱"意义的好机会。

　　父母还可以教育孩子尊重生命。为了让孩子将关爱的情绪也能关注到人以外的事物，父母可以在家中养宠物，像猫、狗、鸟、鱼，种几盆花草。让孩子负责去饲养或换水、清理时，顺便告诉他万物生命的意义，让孩子自由去跟宠物互动，或者观察植物生长，他就能慢慢体会生命本来的尊严。

❀ 鼓励孩子去试错，不要打压

有些家长总是喜欢禁止孩子做这做那，比如不让读不健康的书，不让早恋，不允许玩游戏、网络聊天，等等。但是一味地严厉禁止，却不讲明利害，就容易产生"禁果效应"，增加孩子的好奇心，使他们在好奇心的驱使下甘冒风险去尝试那些也许并不甜的"禁果"，这反而使教育走向了反面。

在父母管教过严的家庭环境下长大的孩子，往往性格懦弱、没有主见、遇事慌张。家长过度限制孩子的自由，处处指责，也会影响他们自身各方面能力的提高，限制孩子的发展。

殊不知这样教育出来的孩子可能一生循规蹈矩，本本分分，他们失去了自己的创造和想象能力，也没有自己的意见和看法，只知道被动地去生活，就像被关在笼子里的鸟儿——孩子感叹："好没自由！"父母这只鸟笼也慨叹："活着真累啊！"

有位教育家说，当孩子显露出某方面的天赋时，我们的教育不但不加以引导和启发，反而用纪律的条条框框去归整他，使他符合我们大人的习惯，这是多么悲哀的事情啊。其实我们在用条条框框去束缚孩子行为的同时，也束缚住了孩子的思维，让他的习惯固定化，使孩子变成一个只会听话而不懂思考的机器，这是万万不可的。

育才方案：鼓励孩子勇于尝试

大多数孩子依赖性的形成，都是由家长的"越位"造成的，家长做了很多本该由孩子自己做的事情，致使孩子习惯于依赖别人而不习惯于自己独立做事，久而久之，便丧失了做事的能力。

在现代社会，由于生活方式的改变，很多家长都认为社会上的不安全因素很多，因此不愿意带幼儿到户外去活动，孩子长时间地被关在小小的套房里，缺少了锻炼的机会。有的家长甚至连孩子参加那些具有挑战性的游戏都不能接受，认为在这种活动中擦伤膝盖或扭伤脚踝根本没有必要。

让孩子经受各种体验，让他们增强适应能力和对自己将来生活的信心，这是父母应尽的责任，因为孩子不可能一辈子都能在安然的环境和父母的呵护中生活，如果孩子要求"想与小朋友一起去动物园"，大人可以提醒一些值得注意的地方。例如"到了那里之后，一定要给家里打电话"，等等，采取这种"远距离操作"的方法，孩子通常会遵守约定。

有许多事情孩子自己完全可以做得很好，因此，爸爸妈妈应该放手，让孩子自己去尝试新鲜事物，让他们自己去做，让孩子们认识到"我能行"，这才是最重要的。